4分で ウォーキング1時間分！

全身がやせる「ゆるHIIT《ヒット》ダイエット」

今井一彰
内科医、「あいうべ体操」考案者

PHP

4分でウォーキング1時間分！
全身がやせる「ゆるHIITダイエット」

もくじ

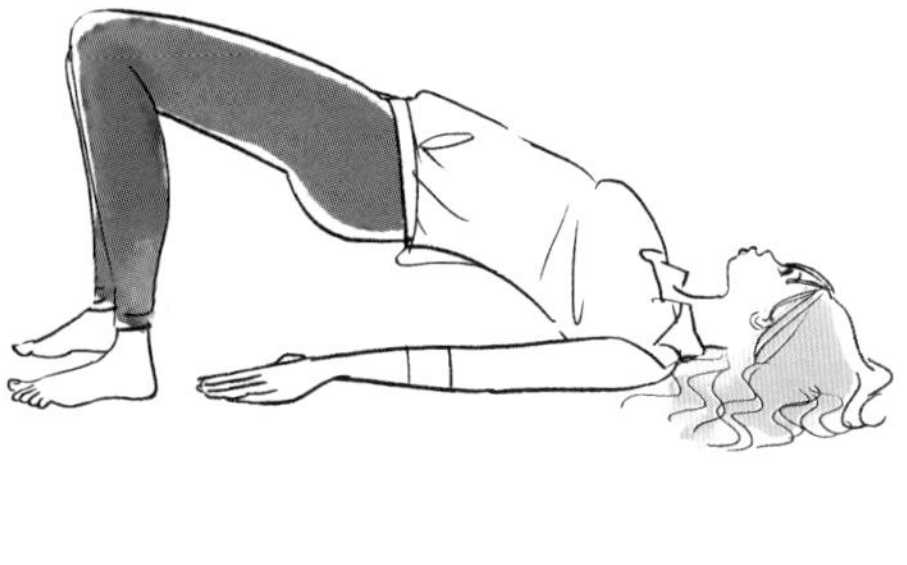

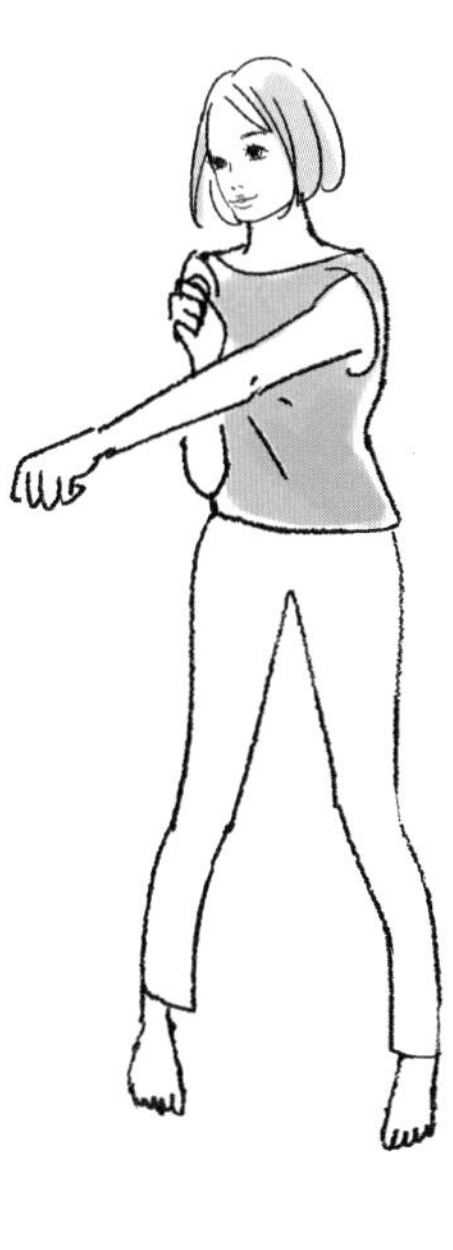

はじめに

人生100年時代において、「健康寿命」は非常に重要なテーマです。長生きしても持病やメタボに苦しんだり、認知症になったりするのはツラいものです。

その予防策として重要視されているのが「適度な運動」であることは、みなさんもすでにご存じでしょう。

しかし実際のところ、わかっていても運動しない人はたくさんいます。「時間がない」「面倒」「そもそも運動が嫌い」など、理由はいろいろあるでしょう。

「ゆるHIIT（ヒット）」は、そんな人のためのトレーニングです。所用時間は1日わずか4分。道具も準備も必要なし。難しいテクニックも不要です。それでいて、高いダイエット効果が期待できるのです。

私が院長を務める病院では、治療の一環としてこのトレーニングを導入し、生活習慣病やリウマチの改善、脚腰の強化など、うれしい結果を続々と出しています。

運動嫌いでも、面倒くさがりでも、身体が動きづらくなっていても大丈夫！　手軽に、確実にやせられて、健康寿命ものばせる「ゆるHIIT」を始めてみませんか？

ゆるHIIT（ヒット）ダイエットとは？

「HIIT」と「ゆるHIIT」とは？

わずか4分間の運動を、週に2〜3回行うだけでやせられる。そんな「ゆるHIIT」のベースになっているのは、HIIT（High-Intensity Interval Training）、翻訳すると「高強度インターバルトレーニング」という運動法です。激しい動きを、短い休憩をはさみながら行うものです。

「ゆるHIIT」なら、できる！

この通常のHIITでは、最大心拍数に近づくぐらいの、かなりきつい運動をします。HIITにはいくつかの種類があるのですが、ハードなものでは、最大心拍数の90％に達するほどの強度を設定しているものもあります。

おそらくほとんどの方が「そんなの無理！」と思われたことでしょう。まったくそのとおり。アスリートや、日ごろから運動に慣れている人でないと、通常のHIITはこなせません。

そこで登場するのが「ゆるHIIT」です。強度は、最大心拍数の60〜70％程度。感覚としては、軽く息が上がる程度です。

これなら、できそうな気がしてきませんか？

「ゆるHIIT」のすごい効果

近年の研究では、強度をさほど高めなくとも、HIITと同じ効果を得られることがわかってき

ました。そこで、患者さんの治療に「ゆるＨＩＩＴ」を導入し、実践していただいたところ、確かによい結果が次々に出てきました。

まず、ダイエット効果。筋力がついて基礎代謝が上がり、やせ体質になれます。私自身もＨＩＩＴを始めて8カ月で5kgの減量に成功。お酒も食事も制限せずに、ダイエットに成功しました。

中高年や高齢期の方々には、さらにうれしい効果が山のようにあります。たとえば、血糖値や血圧、中性脂肪値が下がって生活習慣病予防ができること。ロコモティブシンドローム（寝たきりや要介護を引き起こす骨、筋肉、関節、神経などの病気。以下、ロコモ）を防げること。リウマチや関節炎などの痛みが軽減されること。脳が活性化し、認知症を予防・改善できることなど……。

では、そのしくみを簡単に解説しましょう。

HIITは他の運動とどう違う？

HIITを行うことによる体重の減少効果は、数カ月で0・5〜4kgですので、ジョギングなどと同程度です。

しかし、おなかまわりなどの内臓脂肪の減少効果だけを比較すると、HIITのほうが高い効果を示しています。また、生活習慣病を引き起こす内臓脂肪だけでなく、なかなかとれにくい皮下脂肪を落とす効果もあります。

HIITも、ゆるHIITも、有酸素運動と無酸素運動をミックスしてメニューを作成します。

有酸素運動とはウォーキングやランニングなど、酸素を取り込みながら行う運動。無酸素運動とは筋トレや短距離走など、大きな力を出す運動です。

有酸素運動を行っているときには主に体脂肪がエネルギーとして消費される一方、無酸素運動では糖質が消費されて、脂肪は燃えないものの筋力がつくので基礎代謝が上がります。基礎代謝は、1日に消費するカロリーの6〜7割を占めます。何もしなくても自然に脂肪が燃焼されるのですから、うれしい限りですね。

ランニングやウォーキングの盲点

有酸素運動では、「遅筋」という筋肉が鍛えられます。姿勢を維持したり、バランスをとったりと、低い負荷を持続的に請け負う筋肉です。それに対して、無酸素運動で鍛えられるのは「速筋」、瞬発力担当の筋肉です。

高齢期の身体を支えるには、有酸素運動だけでは問題があります。遅筋を鍛えても、速筋が衰えれば歩くスピードが低下し、歩幅も狭まります。するとエネルギー消費が少なくなり、運動をやめたとたんにリバウンドで太ってしまいます。これはランニングやウォーキングの盲点です。

速筋が衰えると転倒リスクも増えます。転びかけたときに反射的にぐっと踏みとどまるのは、速筋の役割なのです。

だからこそ、速筋と遅筋の両方が鍛えられるゆるＨＩＩＴが有効なのです。

私のクリニックにいらっしゃる患者さんたちにも、その効果は現れています。週にわずか1回のゆるＨＩＩＴトレーニングを8回していただいただけで、垂直跳びの記録が平均23㎝から25・7㎝

に上昇していました。あきらかに速筋が増えたしるしです。

骨《こつ》粗《そ》鬆《しょう》症《しょう》の改善にも効果を発揮します。骨を強化するには、ジャンプしたり、身体をひねったりと、衝撃やひねりを加えるゆるHIITが有効です。

生活習慣病、慢性炎症にも！

糖尿病、脳疾患、心臓病などは「高血糖」が原因のひとつです。ゆるHIITによって筋肉がつくと、糖代謝が上がって血糖値の上昇が抑えられ、これらの生活習慣病を予防・改善できます。

また、HIITにはすぐれた抗炎症作用があります。炎症とはご存じのとおり、肌や粘膜が赤く腫《は》れたり熱をもったりすること。ケガや感染などに対する身体の自然な防御反応ですが、慢性的に炎症を起こしている状態は危険です。

慢性炎症を起こす要因は口呼吸、老化、ストレスなど、いろいろありますが、中でも悪影響が大きいのは肥満です。脂肪細胞に異常を感じた免疫細胞が集まってきて炎症を起こすと、そこから糖尿病や高血圧、さらにはガン、うつ症状、アルツハイマー病など、深刻な病を発症させるとみられています。

運動はそのリスクを大幅に減らします。そのカギを握っているのが、「マイオカイン」という物質。運動することによって、筋肉から分泌されるホルモンです。マイオカインには、これまでに発見されているだけでも３００以上もの種類があり、それぞれ違った働きをします。

「インターロイキン６」というマイオカインは細胞の状況によって炎症物質にも抗炎症物質にもなりますが、きつめの運動を短時間行うときには、抗炎症物質として働きます。

ガン、若返り、認知症にも！

「ＳＰＡＲＣ《スパーク》」というマイオカインはガンの抑制遺伝子を活性化するだけでなく、細胞の寿命を決める「テロメア」が短くなるのを抑えてくれます。「ＢＤＮＦ」には抗うつ作用がありますし、「イリシン」はアンチエイジングホルモンと呼ばれる、若返りのマイオカインです。

認知症改善にも、ひと役買います。

マイオカインのひとつであるＢＤＮＦは「脳由来神経栄養因子」と訳され、運動刺激で分泌されます。ＢＤＮＦは脳神経を修復して、シナプスのつながりをよくして認知力を向上させます。アメリカでは、１００人の軽度認知症患者にＨＩＩＴを実践した結果、ＢＤＮＦが増えて症状が改善したことがわかっています。

HIITはなぜ短時間で効くの？

厚生労働省が推奨するのは「30分以上の運動を週2日以上」ですが、これを実践できる人が、どれだけいるでしょうか。

世の中には運動嫌いな人が大勢います。実は私もその1人です。多忙な毎日の合間に、面倒なランニングやきつい筋トレなどしたくありません。

特に高齢の方は脚腰が弱っていたり関節痛があったりすることが多いものです。その事情をわかっていながら「運動しましょうね」と言うだけでは、医師として誠意に欠ける、と感じていた私は、どんな人でも無理なく続けられる運動法を、ずっと探し続けてきました。

そして見つけたのがHIITであり、その強度

を落としたものを「ゆるＨＩＩＴ」と名づけて紹介しています。

この運動は、とにかくハードルが低いのが利点です。１日４分ずつ、週に数回でＯＫ。ウォーミングアップもクールダウンも不要。特別な道具も服装も不要。つまり、ゆるＨＩＩＴなら、「運動できない・したくない・続かない」の壁を、やすやすと超えられるのです。

「ややきつい運動」がすごい！

１日30分の運動などせずとも、ゆるＨＩＩＴなら、たった４分で同じ効果を発揮します。

理由は、短時間でも「ややきつい」思いをするからです。「ややきつい」と感じる運動をすると、身体に取り込める酸素の量（最大酸素摂取量）が増えます。すると、つくるエネルギーが増え、持久力がアップし、疲れにくくなります。

また、「ミトコンドリア」の量と質が向上します。ミトコンドリアとは、細胞内にある極小の器官。酸素を取り込んで糖や脂肪を分解し、アデノシン三リン酸（ＡＴＰ）を産生して、代謝や合成を推進します。つまり、ミトコンドリアはエネルギー生成と代謝の拠点です。

年齢が上がるとミトコンドリアの量は減り、機能も低下してしまいますが、ゆるＨＩＩＴの「ややきつい運動」は、この流れを食い止めます。

ミトコンドリアは、筋肉に乳酸がたまったときに増えます。ハードに動いて「きつい、エネルギーが足りない！」と身体が認識すると、ミトコンドリアは目覚めて、量も機能も向上するのです。

ミトコンドリアが増えると、「白色脂肪の褐色化」という現象が起こります。

人間の身体には、もともと「褐色脂肪細胞」というものがあります。これは、エネルギーを燃やして熱を産生する細胞です。脂肪でありながら肥満を防止するスグレモノ。

しかし、体内に存在する量はごくわずか。全身の褐色脂肪細胞を全部集めても卵1個分で、その量は加齢や肥満で徐々に減少していきます。

ところが、ミトコンドリアが増えると白色脂肪が褐色に近いベージュ色になって、エネルギーを燃やしてくれるようになるのです。

運動と休憩の繰り返しに意味がある

ゆるＨＩＩＴを通して促される血行増進と、ミトコンドリアの活性化。それらは「冷えない身体」をつくり、免疫力の向上をもたらします。

これに加えて、交感神経の過度な緊張を抑える効果も、免疫力アップにつながります。

交感神経が緊張しているときに出るアドレナリンは、血管を収縮させます。したがって、いつも緊張状態にあると高血圧や炎症のリスクが上がります。マウスの歯肉にアドレナリンを注入すると炎症を起こすという研究結果があります。

しかしその後、マウスを「運動する／しない」の2グループに分けて観察を続けると、運動したグループの歯肉炎が改善しました。運動によってアドレナリンによる炎症が静まり、免疫力が正常化したのです。

なんとなく、「ややきつい運動」をすると、むしろアドレナリンが増えてしまう気がしますね。

実際、運動中は確かに増えます。しかし、いったん増えたあと、ぐっと減るのです。

ゆるＨＩＩＴは、「20秒動いて10秒休む」の繰り返しです。この短時間に急な変化を繰り返す「パルス状態」をあえて作り出すことが、深いリラックスをもたらすのです。

ゆるHIITの取り組み方

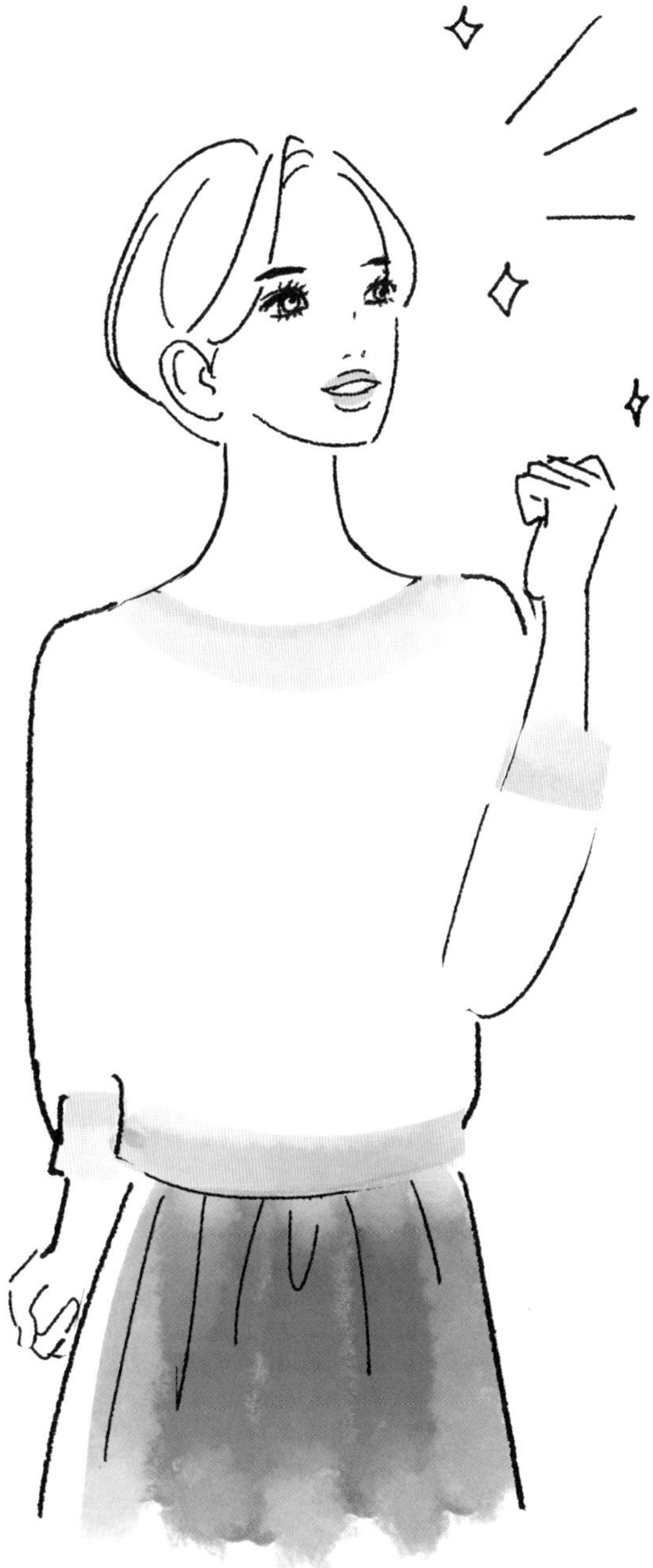

ゆるHIITダイエットの取り組み方

世にある運動法は全般に「年齢を問わず効果が出る」ものですが、HIITやゆるHIITは、「中高年〜高齢期の人に、特に顕著な効果が出る」ことがわかっています。

その理由も「きつさ」にあります。きつい、しんどい、息が上がる……と感じると、細胞内で「エネルギー不足だ！」という警告が発されて、ミトコンドリアを目覚めさせます。だからこそ、高齢者や身体の弱っている人、つまり「きついと感じやすい人」のほうが効果が出やすいのです。

短時間だけ、少しきつい思いをするのがコツ。一見ラクにこなせるウォーキングなどは、長時間かかるので結局長続きしない傾向があります。

しかも近年、屋外での運動にはリスクもあることがわかってきています。排気ガスの多い都市部では心肺機能増進の効果はなく、PM2・5の濃度が高い中では、むしろ低下するという報告もあります。PM2・5は、アルツハイマーを促進するとも言われていますし、屋外ではウイルスの感染リスクもあります。

家の中で短時間、ややきつめに動くのは、一番安全な方法でもあるのです。

お手本どおりにやらなくてOK！

最初は週2回程度から始めて、慣れてきたら週3〜4回に増やしましょう。用事や病気などでしばらく中断しても気にせず、また週2回からスタートしましょう。運動を習慣化させるには、「完璧にやろうと気負わないこと」が大事です。

本書の図解どおりに正しく動こう、などと考える必要もありません。多少お手本と違っていても、やっている本人が「ややきつい」、と感じられれば、それでいいのです。

ちなみに、「ややきつい」というのがどの程度なのかは、心拍数で正確につかめます。運動後の心拍数が、「220−年齢」の6〜7割になっていれば適切な強度です。きっちりやりたいタイプの方なら、毎回計るのもよいでしょう。でも、ものぐさタイプの方は、そんな手間は不要。「ちょっときついな」と感じれば、それでＯＫです。

ゆるＨＩＩＴは、本人がきつさを感じれば効果が出るので、回数もスピードも自分なりで構いません。上手下手も関係なし。人と比べる必要もなし。比べるとしたら、「前より速くなったかも?」「疲れにくくなったかも?」など、過去の自分との比較です。とにかくスタートさえすれば、その変化は遠からず現れるでしょう。

トレーニングの大まかな流れ

準備運動は不要です。「ゆる」のつかない通常のHIITでさえ、海外ではリハビリに活用されているほど安全性の高いものです。思い立ったらすぐに始めましょう。朝昼晩のいつでも、4分の時間がとれるときに行いましょう。

必要な広さは、手を上に伸ばしても、両腕を真横に広げても何にもぶつからない、たたみ1畳分ほど。秒数のわかる時計の見える場所なら、なおよいでしょう。脚腰が弱っていて、よろめいてしまいそうな人は、重めのテーブルやイスの背など、つかまれる家具のそばで行いましょう。

ゆるHIITは、ややきつめの運動と休憩を交互に行います。「20秒間トレーニング」→「10秒間休憩」を4種目分行って2分。それを2周して合計4分という計算です。

休憩中も完全には静止せず、軽い足踏みなどをしたほうが身体への負担は少なくなります。

ゆるHIIT中は息が上がるのでマスクははずしましょう。運動中は口で呼吸しても構いませんが、休憩中や運動後は鼻呼吸をしましょう。慣れるにつれ、息が上がらなくなってきます。そうしたら、もっと速く動いて負荷を高めましょう。

「大きく動く」ことでも負荷は増えますが、ひざ痛や腰痛のある場合は、大きく動くことよりも速さを優先しましょう。息が上がって心拍数が高まれば、ゆるHIITの目的は達成できています。

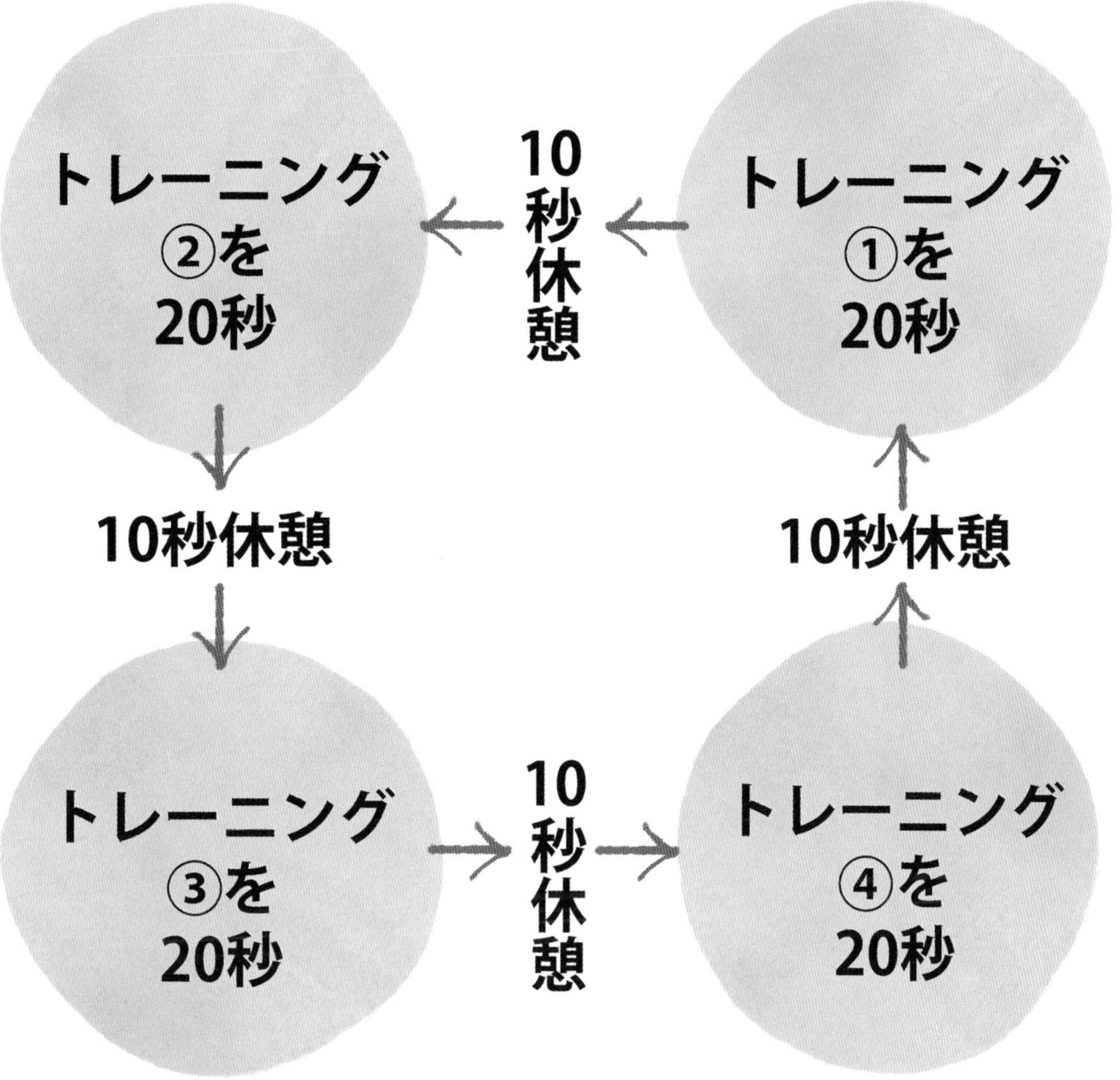
トレーニング①を20秒
10秒休憩
トレーニング②を20秒
10秒休憩
トレーニング③を20秒
10秒休憩
トレーニング④を20秒
10秒休憩

これを2周して合計4分！

コラム

ゆるHIITは、心も元気にする

私のところには、ゆるHIITを始めて以来、「疲れなくなった」「転ばなくなった」という声がしょっちゅう届きます。体力向上と脚腰強化は、誰もがすぐに感じるようです。中には、炎症抑制効果が出て「歯周病が治った！」という驚きの変化も。

性格が明るくなった人の多さは、予想以上でした。もの静かだった83歳の方が、「先生、歩いていたら若い人を追い抜いちゃったのよ！」と、朗《ほが》らかなキャラクターに変身。娘さんによると、気が若くなって、自分の青春時代のエピソードをよく話してくれるようになったとか。

このように、HIITはメンタルにも好影響を及ぼします。運動で出るホルモンには抗うつ作用があると述べましたが、みなさんが一様に明るくなれるのは、単純に「身体を動かすと楽しい」からではないでしょうか。上手下手も、勝ち負けも関係なく身体を動かすことは、運動嫌いの人であっても、気持ちが晴れるものです。みなさんも、クサクサしたときなどにぜひ、4分間でストレス解消をはかってみてください。

基本の全身やせメニュー

大きな筋肉を鍛えると全身がやせる！

全身をキレイに絞るには「大きな筋肉」を鍛えることが不可欠です。筋肉はエネルギー消費の最大の拠点。背中、お尻、腰、太ももなどの筋肉が増えると、それだけ基礎代謝がアップします。

基礎代謝は年齢とともに下がっていくものです。20代と50代の1日の基礎代謝量を比較すると、約200キロカロリー（おむすび約1個分）の差があります。若いころと同じように食べていたら太ってしまうのはそのせいです。

しかし、基礎代謝が上がればその問題は解決します。ゆるHIITをしていれば、ふつうに食べていても、少しずつスリムになっていきます。

筋力を上げて「やせ体質」をつくる方法は、食事を抜いてやせるのと違い、リバウンドしにくいのがメリットです。

また、筋肉がつくと姿勢がよくなって、関節や靭帯《じんたい》への負担も減ります。猫背が矯正されるのもうれしい効果です。というのも、丸まった背中では腹腔内が狭く縮こまり、内臓が下垂してポッコリおなかになりやすいからです。

これらの効果がトータルに現れるのが、ここで紹介する「基本の全身やせメニュー」です。脚と背中の筋肉を大きく動かしてください。

「下半身強化」→「ジャンプでカロリー燃焼」→「体幹強化と燃焼」→「ダッシュで思いきり燃焼！」という流れです。

①スクワット
②ジャンピングジャック
③クロスタッチ
④ダッシュ

①スクワット

腰の大腰筋や、お尻の大臀筋など、大きな筋肉を強くする、万能タイプの筋トレです。年齢を重ねた人でも比較的ラクにできます。

⑴　脚を肩幅に開き、両腕は胸の前でクロスさせます。

⑵　太ももが水平になるまで腰を落とします。

⑶　立ち上がって⑴の姿勢に戻り、ここまでを繰り返します。

②ジャンピングジャック

脚の開閉と、手の上げ下げをジャンプしながら行う全身運動です。
カロリー燃焼効果の高い有酸素運動です。

(1)　手は身体の横に。脚は閉じてまっすぐ立ちます。

(2)　両手と両脚を横に広げながらジャンプして着地。

(3)　ジャンプしながら(1)に戻り、ここまでを繰り返します。

③クロスタッチ

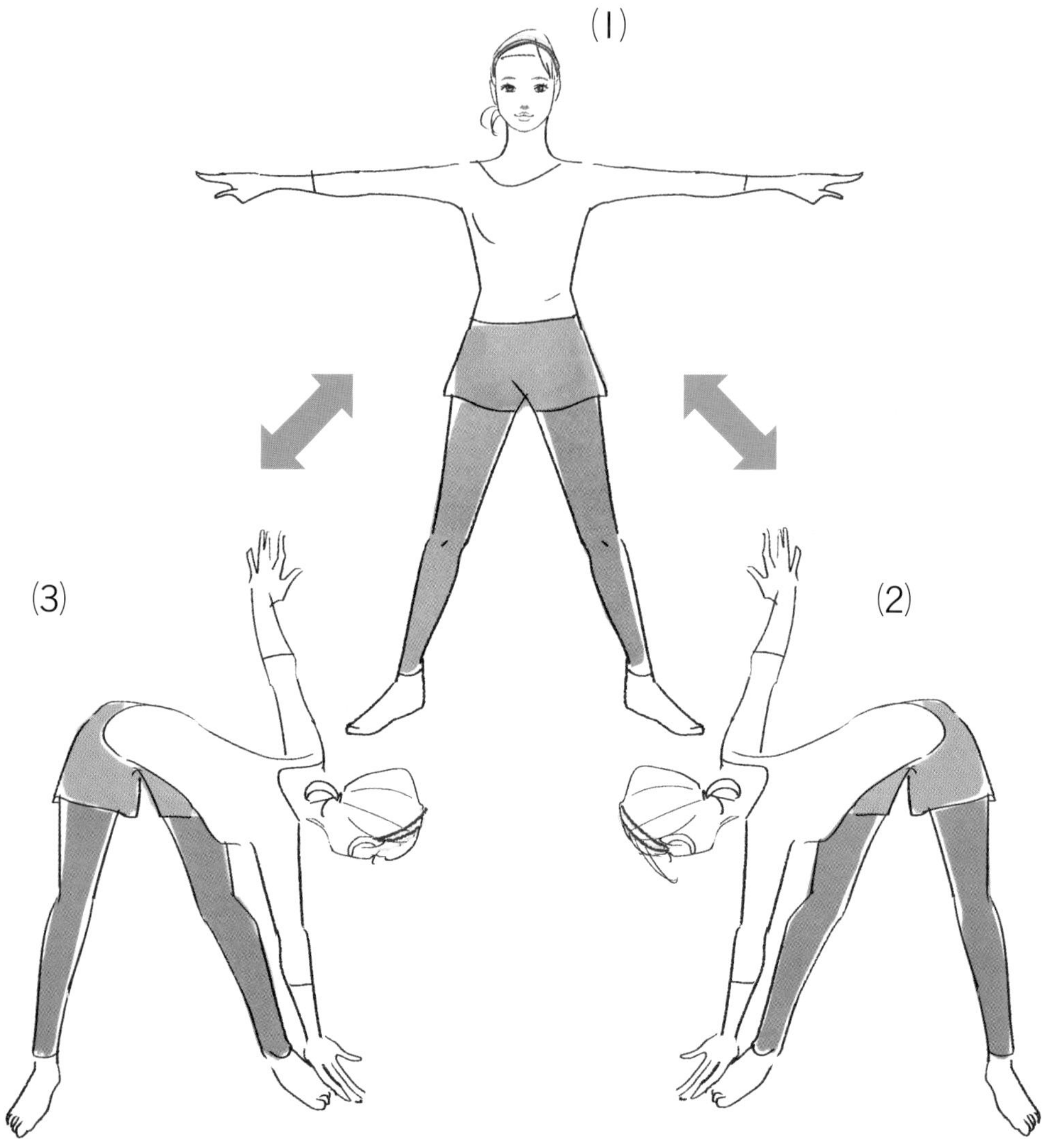

こちらも有酸素運動ですが、背中の広背筋と、ねじる動きによって脇腹の腹斜筋が鍛えられて体幹が強くなります。

(1)　脚を開き、手を真横に伸ばします。

(2)　左手で右のつま先にタッチし、(1)に戻ります。

(3)　右手で左のつま先にタッチ。これを素早く繰り返します。

④ダッシュ

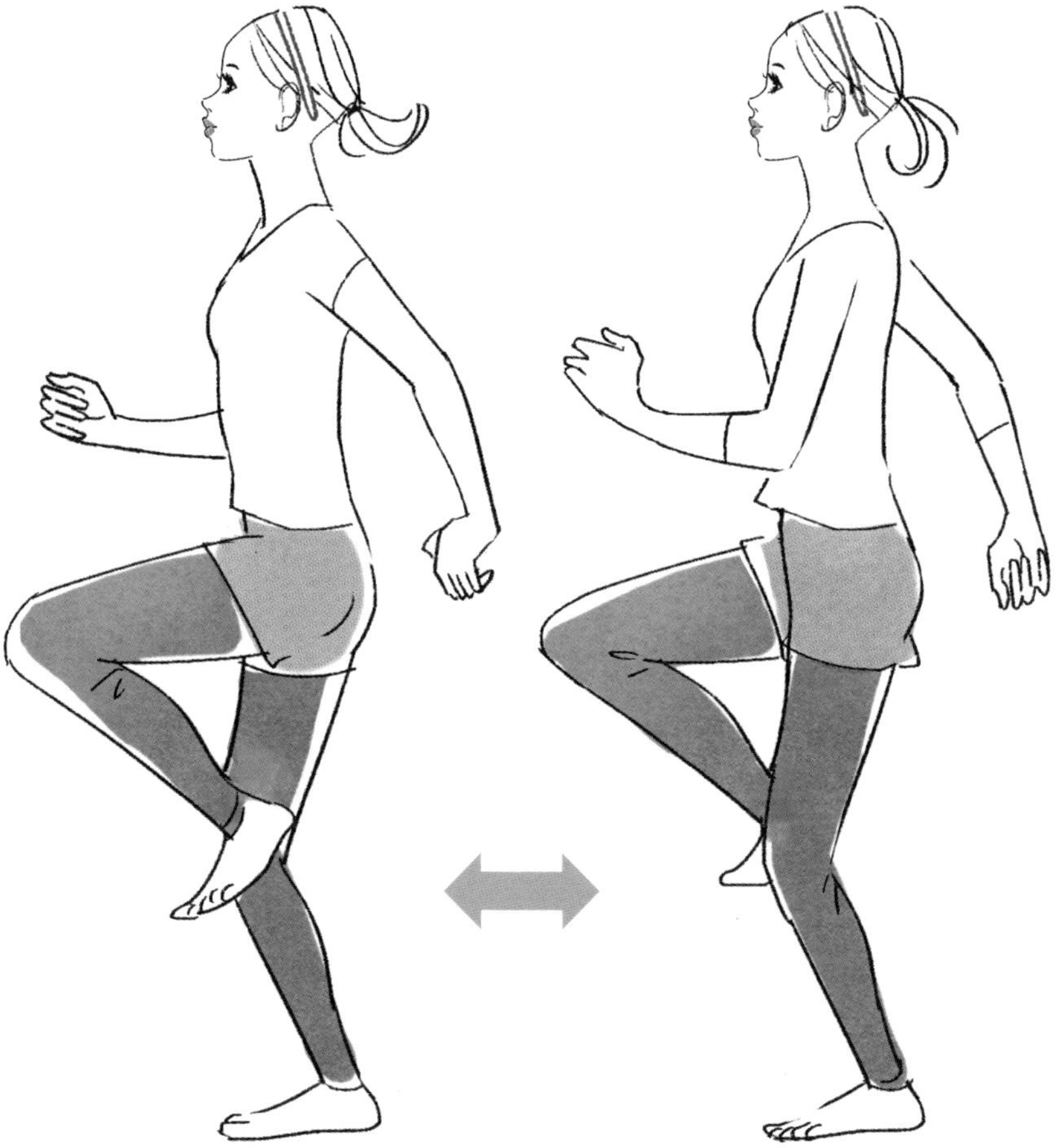

「その場で駆け足をするだけ」というシンプルな動きですが、心肺機能の向上に最適。フォームなどは気にせずに思いきり走りましょう。

⑴　まっすぐ立ち、ひじを曲げます。

⑵　その場で駆け足をします。腕を振り、ももをできるだけ高く上げることを意識しながら、20秒間、全力でダッシュ。

補足解説

フォームよりスピードが大事！

無理のない範囲でスピードをつけて行いましょう。

スクワットも、「できるだけ回数を増やす」ことを意識しましょう。ただし、速く行おうとしてひざの向きが内側に入ると、ひざを痛めやすいので注意。スクワットをするときは、「ガニ股」気味に行うと安全です。

ジャンピングジャックは、体幹を強化して脂肪の燃えやすい身体をつくります。また、有酸素運動でもあるので運動中のカロリー燃焼効果も大きいです。脚を開くときは、「肩幅の1.5倍」が理想とされますが、それほど気にしなくても構いません。むしろ床で滑る危険を避けることを優先して、無理のない脚幅で行いましょう。

クロスタッチはつま先に届かない人も多いはずです。その場合は無理に伸ばそうとせず、ひざやすねなど、届くところにタッチしましょう。キレイに完璧に、と思うのではなく、動ける範囲で素早く行うのが正解です。

ダッシュでは、太ももが床と平行になるまで上げるのが理想ですが、「速く走って、一番上がるところまで上げる」ぐらいに意識するだけで十分です。

美脚メニュー

キレイで元気な脚を取り戻す！

「キレイな細い脚になりたい！」と願っている女性は多いでしょう。美脚に必要なのは、お尻と内ももの筋肉を鍛えること。このメニューでは、これらを集中的に強化します。股関節の柔軟性もアップするので女性らしい曲線美が手に入ります。高齢の方の場合、美しさもさることながら、「いつまでも歩ける脚でいたい」と考えておられるでしょう。

最近、「フレイル（加齢により心身が老い衰えた状態、つまり介護予備軍）」というキーワードが注目されています。「ロコモティブシンドローム（運動器症候群）」や、「サルコペニア（加齢や病気で起こる筋肉量の減少）」などによって要介護状態に至る前段階のことを言いますが、運動をすればこの状態から回復できます。「美脚メニュー」は「健脚メニュー」でもあるのです。

歩くための筋肉は下半身に集中していますが、中でも大事なのはお尻と股関節まわりの筋肉です。無酸素運動によって、これらの筋肉中の「速筋」を増やしていくことが、転倒の心配のない、強い脚を取り戻すカギとなります。

私の患者さんたちも、ゆるＨＩＩＴで健脚を取り戻しています。杖がいらなくなった人や、72歳にして50代なみの踏み台昇降の回数（なんと32回！）をこなせるようになった人も。４つの動きで、キレイで元気な脚を取り戻しましょう。

①バックランジ

②脚パカ

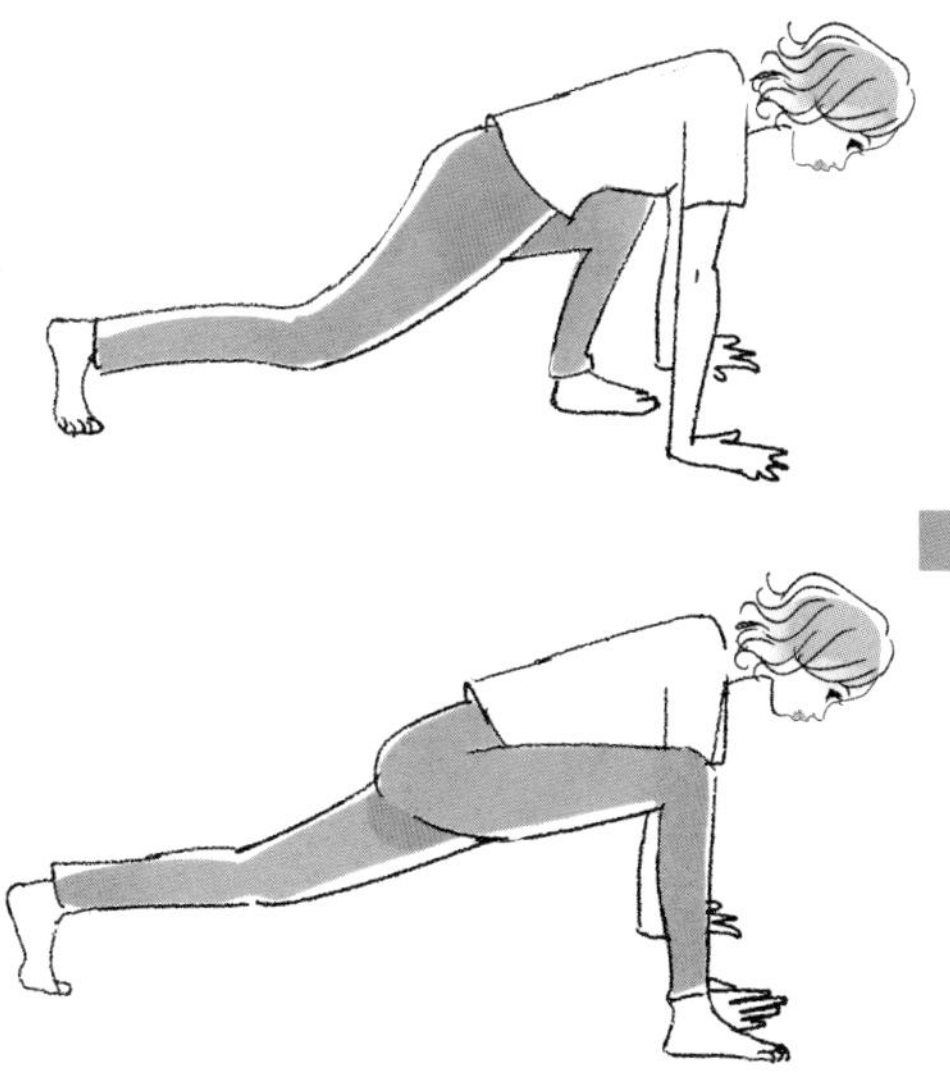

③スパイダークライマー

④ジャンプスクワット

①バックランジ

お尻の大臀筋と、太もも裏のハムストリングスを強化します。太もも裏が鍛えられると、前部の筋肉とのバランスがよくなり、太ももがすっきりします。

⑴　脚を少しだけ開いて立ち、手を腰に当てます。

⑵　右脚を後ろに引いて腰を落とし、⑴に戻します。

⑶　左脚も同様にして腰を落とし、戻します。⑴〜⑶を繰り返します。

②脚パカ

自分の脚の重さを利用して、弱りやすい太ももの内側の筋肉を強化します。股関節の柔軟性が高まることで血行もアップして、脚がキュッとひきしまります。

⑴　横になり、両手をお尻の下に差し入れます。

⑵　脚を床に垂直に上げて、真横にパカッと開きます。

⑶　閉じて、開いて、を何度も繰り返します。

③スパイダークライマー

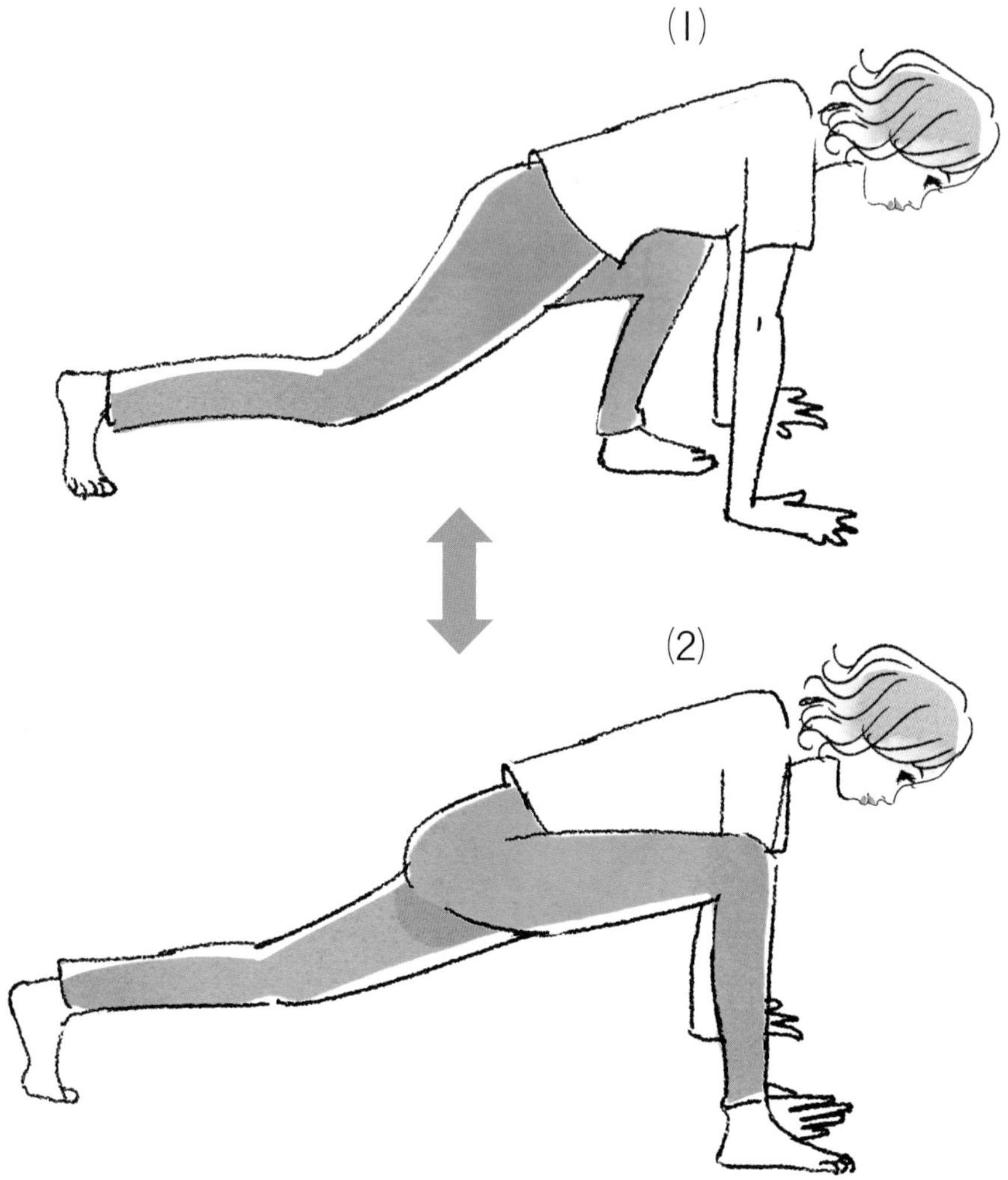

クモの脚のようなポーズで、股関節を前後に開いて柔軟性を高めながら筋肉を強化。お尻から太ももの裏と内側に効かせましょう。

(1)　腕立て伏せのポーズから、左脚を左腕の外側に。

(2)　左脚は後ろに戻し、右脚を右腕の外側に。

(3)　(1)の体勢に戻って、これを繰り返します。

④ジャンプスクワット

スクワット（24ページ参照）にジャンプの要素をプラス。筋力強化だけでなく、トンと着地するときに骨も強化されます。

⑴　脚を肩幅に開き、両腕を胸の前でクロスさせます。

⑵　太ももが水平になるまで腰を落とします。

⑶　ジャンプして⑴の体勢に戻り、これを繰り返します。

補 足 解 説

美脚メニューは安全を確保して

　むくみやゆがみがなく、バランスよく筋肉がついた状態が「美脚」です。筋肉のバランスが崩れると、姿勢や歩き方にクセが出て、それが関節のトラブルにつながります。トレーニングは太ももの内側や裏側に効いていることを意識しながら行いましょう。

　バックランジで脚を後ろに下げるときは、片脚で立つ瞬間がどうしても出てきます。このとき脚が弱っている人はバランスを崩しやすいので、とっさにつかまることができる家具などの近くで行うほうがよいでしょう。

　脚パカでは、両手をお尻の下に入れるのを忘れずに。腹筋の力が足りず、ももの筋肉を使って上げようとした場合、腰を反りすぎて痛める場合があるからです。手の代わりにクッションなどを入れるのもよいでしょう。

　スパイダークライマーでは、前の脚が「腕の真横」に来るのが理想ですが、股関節がかたいときは厳しいので、「できる範囲」で前に出しましょう。

　ジャンプスクワットで跳び上がるのが怖い場合は、立ち上がるとき、つま先立ちになるだけでも構いません。

ヒップすっきりメニュー

座りすぎの危険性を知って、エクササイズ！

年齢とともに、だんだん下がってくるお尻。主な原因はやはり、筋力が落ちることです。脂肪が多い場所なので、筋力で支えきれなくなれば、重力に従って下に落ちて、垂れてしまうのです。

つまりは、運動不足が元凶。そして運動不足の人はたいてい、座る時間が長いものです。

近年の研究では、「座りすぎが寿命を縮める」ことがわかっています。座っている時間が長いと、ガンの罹患リスクをはじめ死亡リスクが高くなります。下半身が静止していると、血液を上半身へ還流させる働きが落ち、いわゆる「ドロドロ血」が促進されて血管にも悪影響を及ぼします。

特に日本人は、世界的に見ても座り時間が長い傾向があります。コロナ禍以降に浸透したリモートワークで、その傾向はさらに強まっています。

ここで紹介する「ヒップすっきりメニュー」は、お尻ともも裏の筋肉を鍛えることで、ひきしまったヒップを取り戻す運動です。お尻をキュッとしめて行うと、さらに効果的です。

形のよいお尻になるだけでなく、下半身の筋肉を動かすことで血液を全身に、スムーズに流せる身体づくりもできます。お尻まわりの血行がよくなり、冷えの解消効果も大きいです。

ヒップのエクササイズは腰痛にも効きますが、腰が痛くてうまくできない場合は、大きく動かすことを避け、できる範囲で行いましょう。

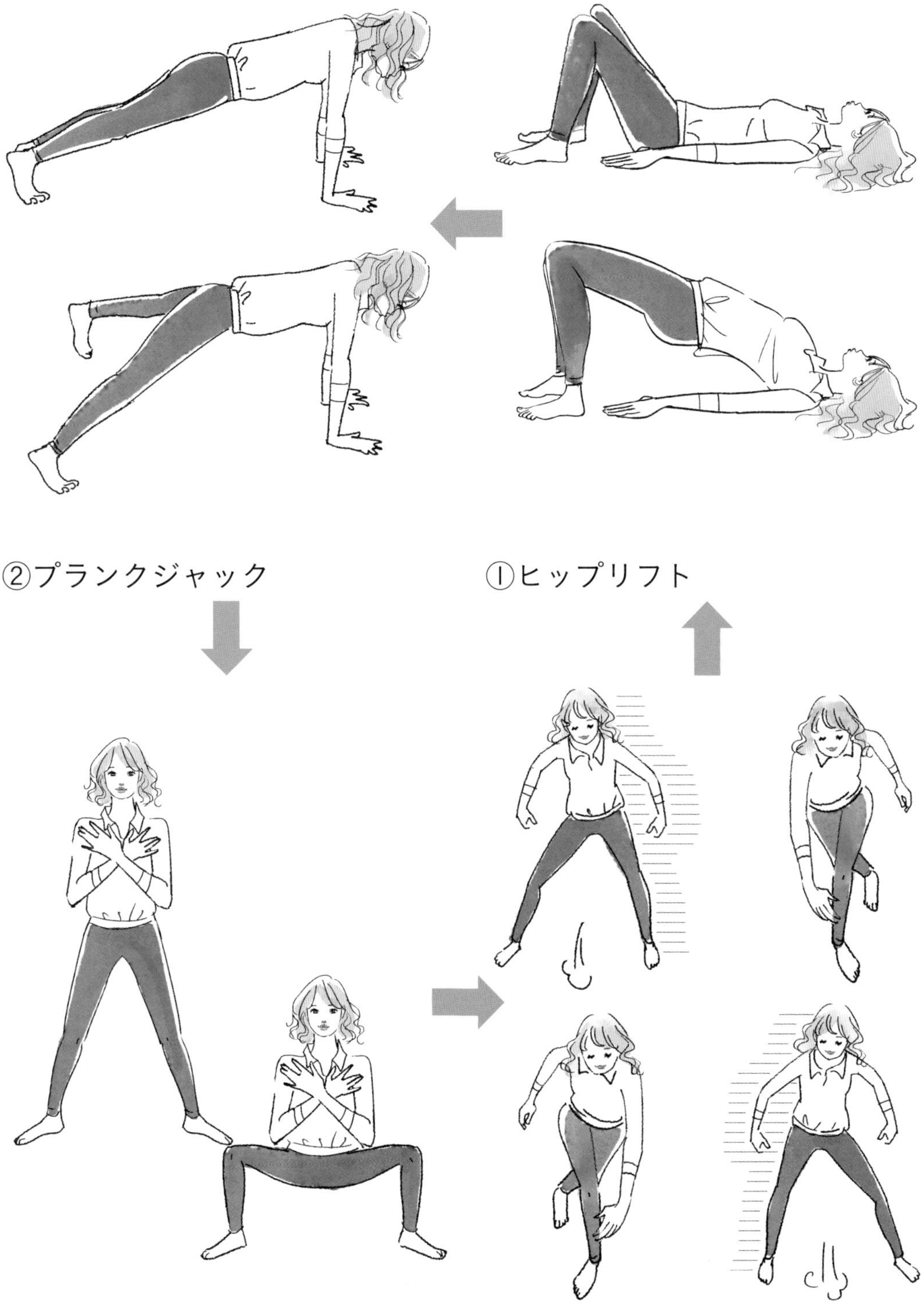

①ヒップリフト

②プランクジャック

③ワイドスクワット

④スケーター

①ヒップリフト

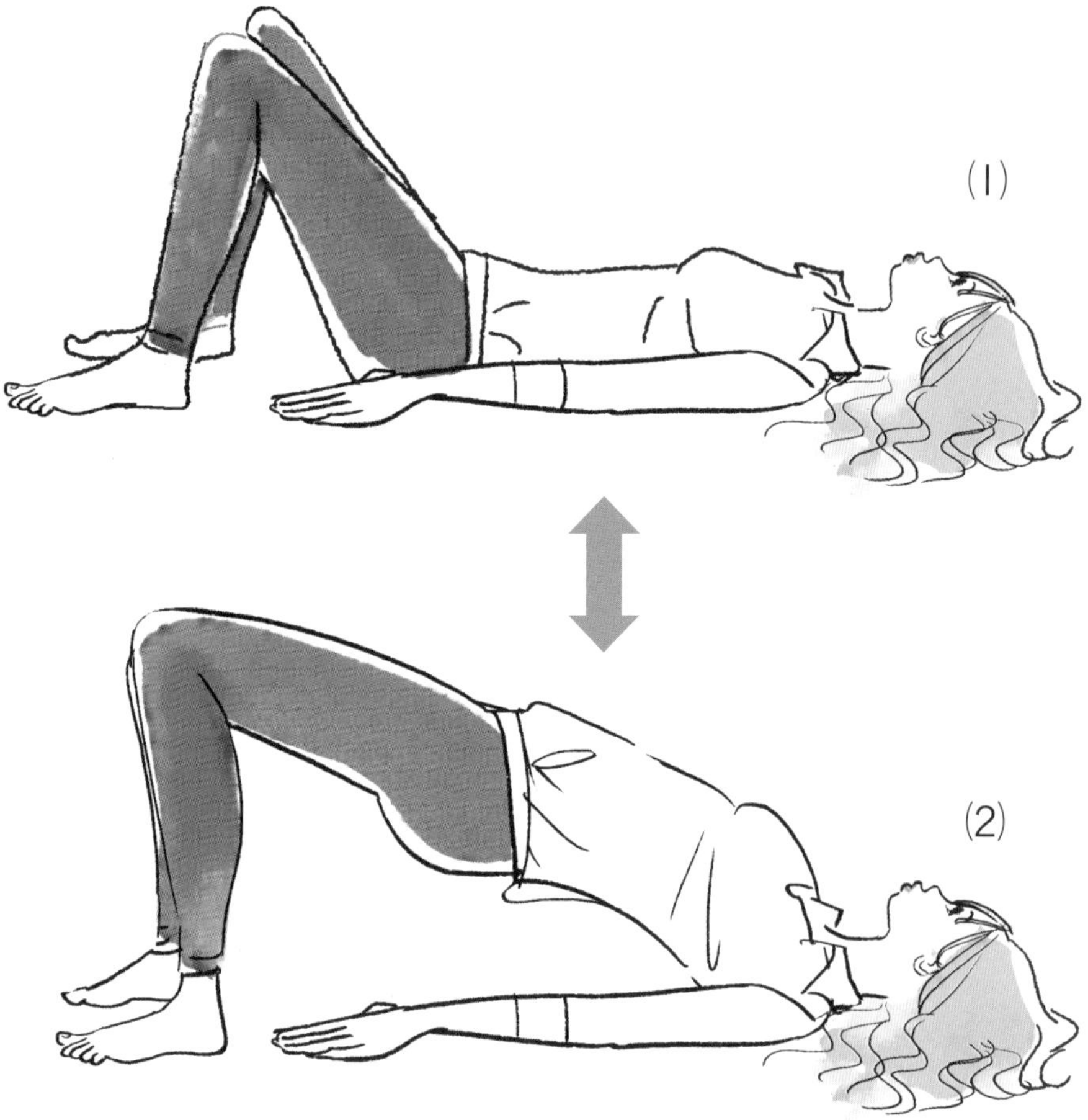

大臀筋を鍛えて、骨盤まわりをスリムにする運動です。寝たままできるので、起き抜けや就寝前などに行うのもおすすめです。

⑴　仰向けに寝て、両手は身体のサイドに置き、両ひざを立てます。

⑵　お尻を持ち上げながら、キュッと締めます。

⑶　「下ろす」「持ち上げる」を何度も繰り返します。

②プランクジャック

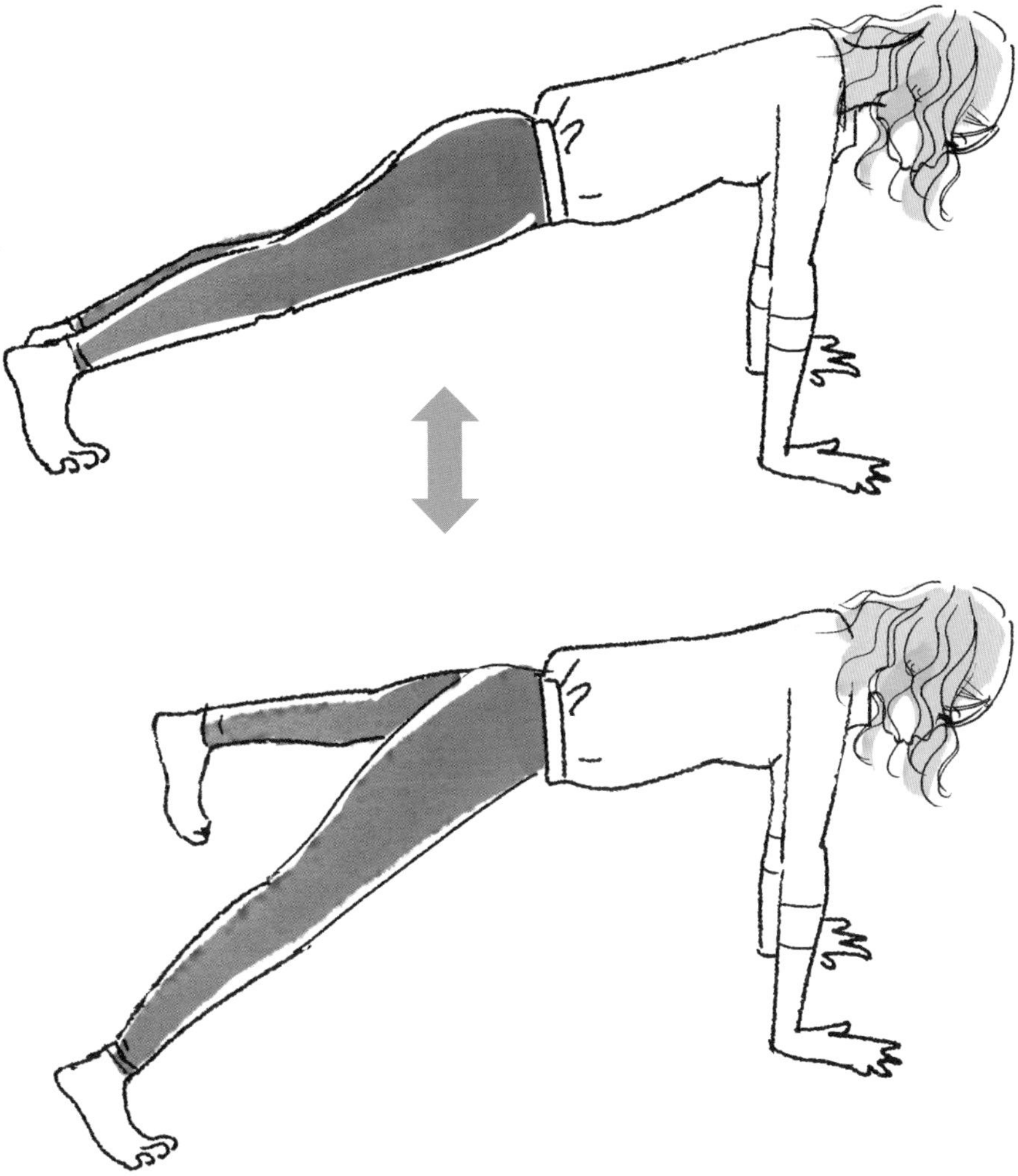

お尻の両サイドが鍛えられます。腰まわりがひきしまってラインが美しくなるとともに、身体が左右に振れず、バランスよく歩けるように。

⑴　腕立て伏せのポーズをとります。

⑵　脚を開いたり閉じたりを繰り返します。お尻が上がったり下がったりしないよう、同じ位置にキープすることを意識しましょう。

③ワイドスクワット

大臀筋、太もも内側の内転筋、太もも裏のハムストリングスなど、加齢とともに縮みやすい筋肉を強化。股関節の柔軟性も上がります。

(1) 脚を肩幅の1.5倍に開き、つま先は45度外側に向けます。

(2) 両腕を胸の前でクロス。正面を向いたまま腰を落とします。

(3) 「立ち上がる」「腰を落とす」を繰り返します。

④スケーター

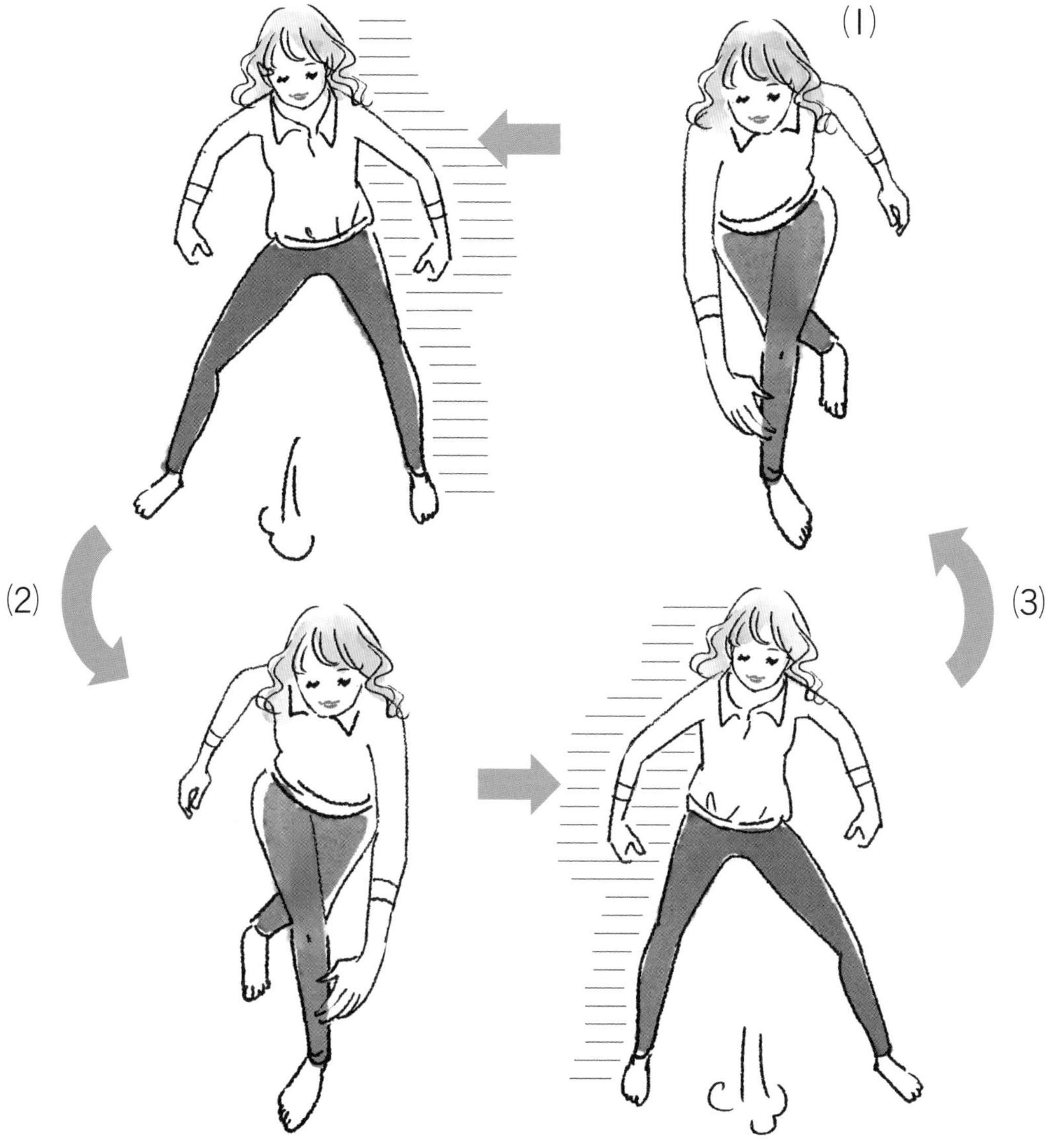

スピードスケートの選手のような動きでお尻に負荷を加える運動です。ジャンプが怖いときは「横に歩く」イメージで移動しましょう。

(1)　右脚を左脚の後ろにクロス。右腕は下に伸ばします。

(2)　右にジャンプしながら、左脚を右脚の後ろにクロス。

(3)　左にジャンプしながら(1)の体勢に戻り、繰り返します。

補足解説

徐々にレベルアップを

ヒップリフトでは、お尻を上げると同時に「締める」ことが大事です。お尻の穴をキュッと締めることを意識しましょう。また、サイドに置いた手をおなかの上に置くと負荷が高まります。ふつうのやり方でもの足りなくなってきたら試してみましょう。

プランクジャックは、何度も脚を開閉している間に、きつくなってきてお尻が下がったり、逆に上がったりしてしまいがちです。「肩からかかとが一直線のラインをつくるように」と意識しながら続けましょう。

ワイドスクワットは、内ももの筋肉がかたい人にはきつい運動です。その場合、脚を開く幅はふつうのスクワットより「少し広め」に留めてOKです。いずれの場合も、腰は真下にできるだけ深く落とすこと。理想は「両太ももが床と平行になるまで」です。

スケーターは片脚立ちで横に跳ぶので、脚が弱っているとバランスを崩してしまうかもしれません。その場合は横に滑るように歩くところから始めて、慣れてきたら少し跳んで……と、徐々にレベルアップしましょう。

ウエストひきしめメニュー

背中の筋肉を使うとウエストがひきしまる！

「昔の服が入らない！」――年齢を重ねるとともに、多くの人が味わうこの屈辱。ウエストを細くするには、何をすればいいのでしょうか。

おそらく、腹筋を鍛えること、それも、ひねりを加えてサイドの筋肉に効かせることが効果的だと、多くの方は思っていらっしゃるでしょう。

しかし実は、腹筋（腹直筋や腹斜筋）を鍛えても、ウエストを細くするには補足的な効果しかありません。これはアメリカのトレーナー団体、ＮＳＣＡが発表した論文でも明言されています。

本当に必要なのは、大きな筋肉を動かして、カロリーを燃やすことです。本格的トレーニングの世界では、ウエストを細くしたいときには「スクワット」に加え、「デッドリフト」「ショルダープレス」という3種目を徹底して行います。

デッドリフトとは、下に置いたバーベルを屈んで持ち上げる動き。ショルダープレスとは、肩の前でバーベルを持って上げ下げする動きです。

もちろん、読者のみなさんはバーベルを上げる必要はありません。下半身と背中の大きな筋肉を意識して、まずは体幹強化をします。その基礎固めの上に、ひねりを加えていくのがベストです。「ウエストひきしめメニュー」では、背中の筋肉を使う運動が多く取り入れられています。

どんどんカロリーを燃やして、ほっそりしたウエストを手に入れましょう。

②バックランジツイスト

①クロスニータッチ

③プランクバックツイスト

④アメリカンスウィング

①クロスニータッチ

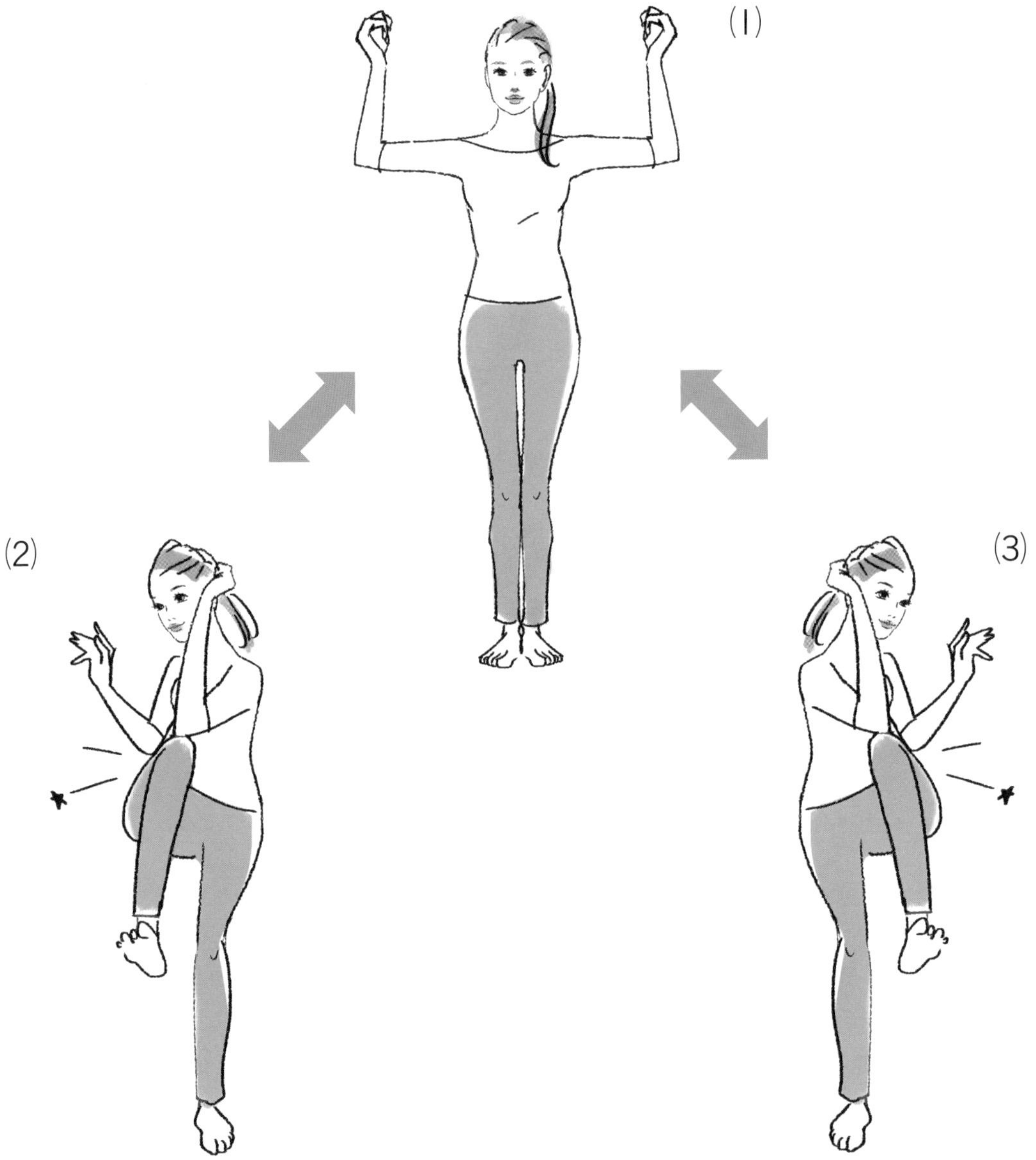

片脚のひざと、逆側の腕のひじをタッチさせる運動です。ひねり運動で背中の広背筋と腹斜筋が鍛えられます。

(1)　まっすぐに立ちます。

(2)　右脚を上げ、おへその前で左ひじをタッチ。

(3)　左脚を上げ、右ひじとタッチ。これを素早く繰り返します。

②バックランジツイスト

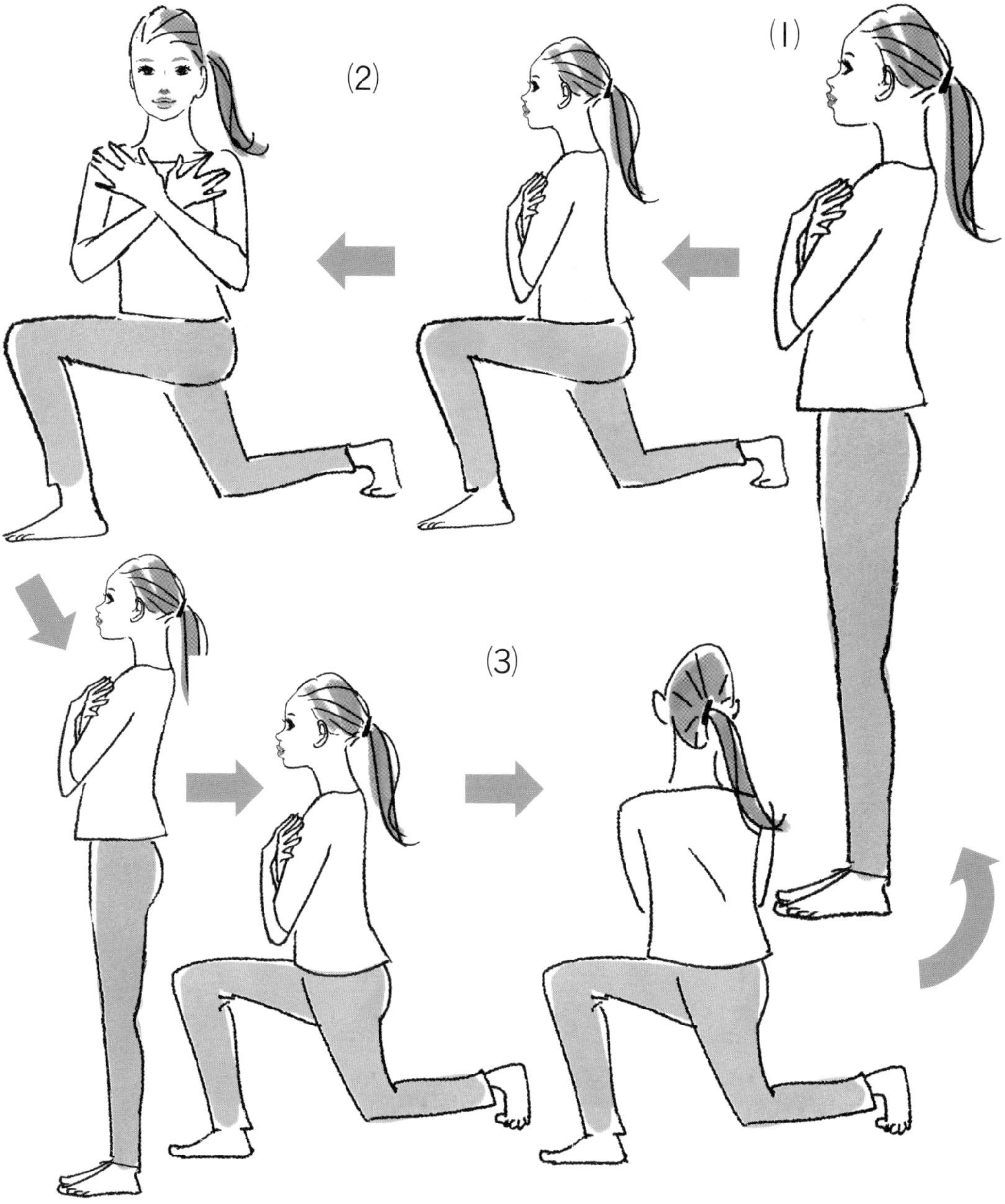

バックランジ（32ページ参照）に、ひねりを加えた運動。下半身を鍛えながら、ウエスト部分の筋肉も刺激しましょう。

⑴　まっすぐに立って両腕を胸の前でクロスさせます。

⑵　右脚を後ろに引いて上半身を左にひねり、⑴に戻ります。

⑶　左脚を引いて上半身を右にひねり、⑴へ。これを繰り返し。

③プランクバックツイスト

ひねりを加えながら、胸から肩、背中にかけての身体のサイド部分を強化する運動です。

⑴　腕立て伏せのポーズをとります。

⑵　右腕を上げながら右半身を起こします。

⑶　⑴に戻して左半身を起こし、これを繰り返します。

④アメリカンスウィング

まき割りのようなポーズで、太もも裏から背部の筋肉を鍛えます。下半身とおなかのひきしめにも最適。

⑴　腰を落とし、両手を組んで両脚の間に。

⑵　手を振り上げながら上に伸びます。

⑶　⑴〜⑵を繰り返します。

補足解説

ひねる動きと垂直の動き

　ひねりの運動は、日ごろ運動不足だと、なかなかスムーズにいかないものです。

　クロスニータッチをしようとして、ひじとひざがつかないときは、無理にギュッと近づけないこと。リズミカルに動くことのほうを優先して、キビキビと動いていたら、そのうち自然に、ひじとひざが近づいてきます。

　バックランジツイストは、後ろに引いた脚と「逆方向」にひねる動きです。右脚が後ろのときは左に、左脚が後ろのときは右に。これが逆になるとひねったことにならないので注意しましょう。

　プランクバックツイストは片腕とつま先だけで体重を支えるので、腕がツラい人も多いでしょう。その場合は両ひざを床について負荷を減らしましょう。後ろに大きくひねったとき、上の肩が真上を向くのが理想です。

　アメリカンスウィングは、しゃがむときより伸びるときが大切。「朝起きたときの伸び」のイメージで、しっかり伸ばせばウエストがひきしまります。垂直の動きも、実はウエストにはとても効くのです。

二の腕集中メニュー

プヨプヨの二の腕と肩こりにパンチ！

ノースリーブのワンピースを楽しめたのは遠い昔。今は夏場でも、二の腕を隠すために半袖のブラウスを羽織っている、という方はいませんか。

なぜ二の腕は太くなるのでしょうか。その主な原因は「肩甲骨まわり」にあります。デスクワークで猫背になっていると、背中や肩の血流が鈍って、新陳代謝が悪くなります。肩こりのある人はまさにその状態。「腕が回らない」「真上まで上げられない」という方は、もしかすると二の腕の太さにも悩んでいるのではないでしょうか。

猫背は、腕の筋肉のバランスも崩してしまいます。まっすぐ立って腕を自然に垂らしたとき、手が「太ももの真横」よりも前にあれば、猫背がクセになっているサイン。このとき、腕の筋肉は表側が縮み、裏側は伸びきった状態です。

この「裏側」とは、いわゆる「振り袖」と呼ばれる部分。振り袖部分の筋肉は「上腕三頭筋」といって、前側の「上腕二頭筋」よりも使う機会が少なめです。ここに脂肪がついてタプタプするという方は、「二の腕集中メニュー」をぜひ実践しましょう。腕の裏側を鍛え、背中や肩をほぐして血流もアップ。腕立て伏せを行うことで、バストアップ効果も期待できます。

背中のエクササイズは、しつこい肩こりのある人には気持ちよく感じるはず。二の腕をスリムにしながら、肩こりも猫背も撃退しましょう。

①リバースプッシュ
②スウィングスクワット
③プッシュアップ
④クロスパンチ

①リバースプッシュ

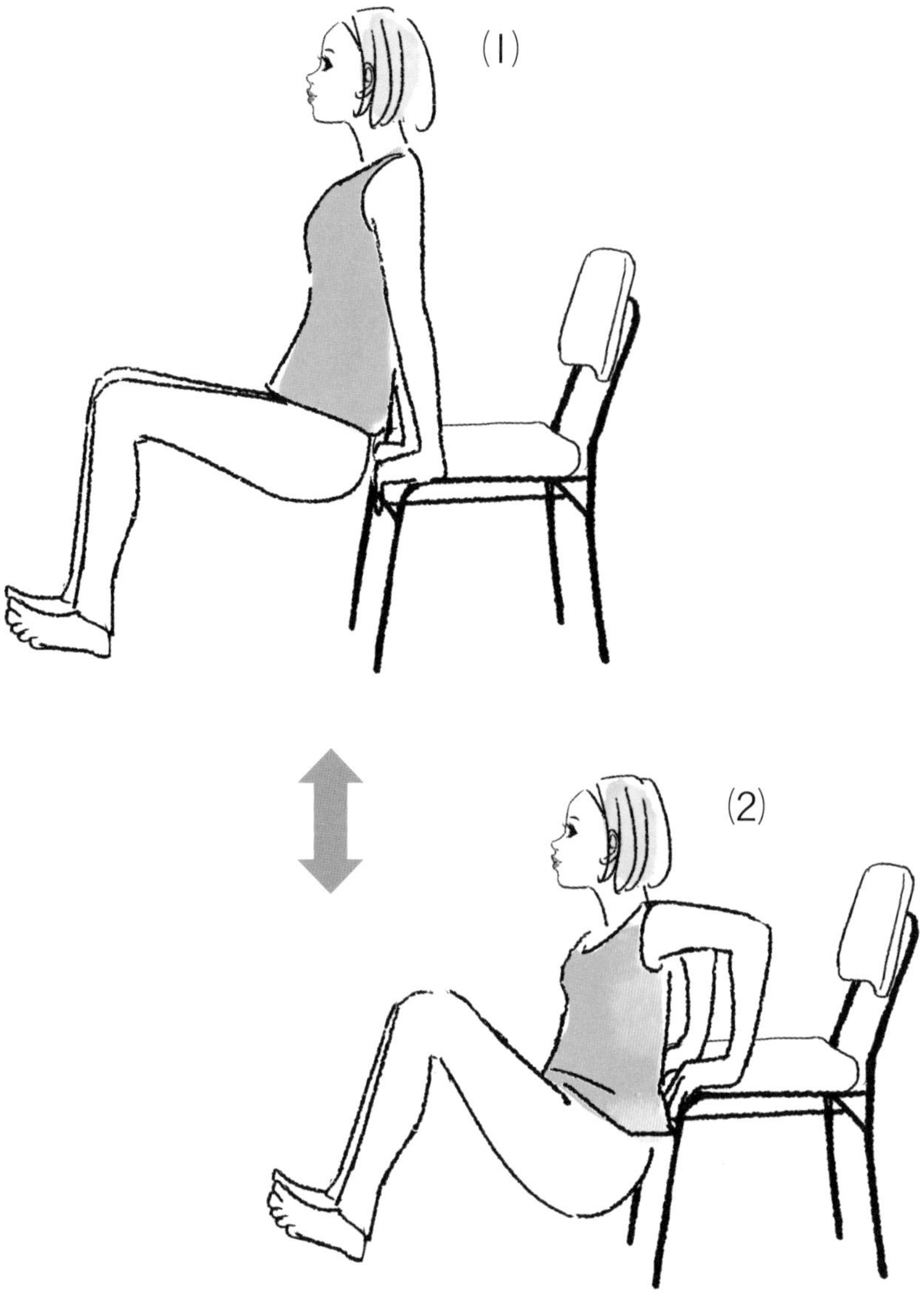

日本語で言うと「逆腕立て伏せ」。腕の後ろ側の上腕三頭筋を鍛える動きです。しっかり行えば、背中のこりもとれてすっきり爽快！

(1)　安定度の高いイスを背にして座面を持ち、寄りかかります。

(2)　腕を曲げて沈み込みます。両ひじはできるだけ閉じます。

(3)　腕を伸ばして(1)の体勢に戻り、これを繰り返します。

②スウィングスクワット

アメリカンスウィング（51ページ参照）と異なる点は、手を組まずに身体の側面でスウィングさせること。肩の柔軟性が上がります。

⑴　脚を広めに開いて腰を落とし、両腕を後ろへ伸ばします。

⑵　腕を振り上げながら上に伸びます。

⑶　腕を後方に振りながら⑴の体勢に戻り、これを繰り返します。

③プッシュアップ

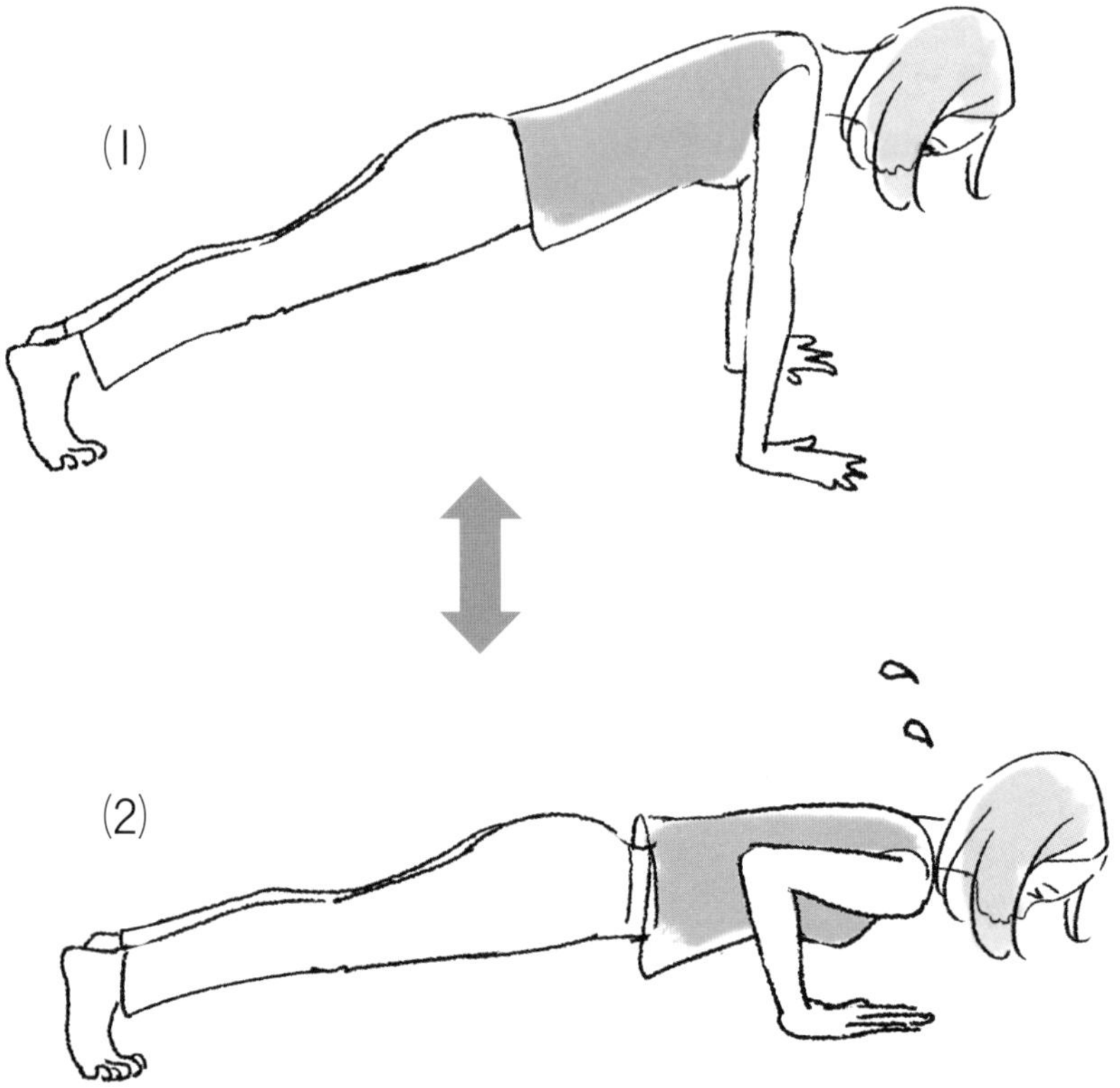

スタンダードな腕立て伏せです。二の腕をひきしめるほか、胸の筋肉「大胸筋」を鍛えられるのでバストアップ効果もあります。

(1)　手をついてつま先を立て、まっすぐな姿勢に。

(2)　ひじを曲げて、下げられる位置まで下げます。

(3)　ひじを伸ばし、(1)〜(2)を繰り返します。

④クロスパンチ

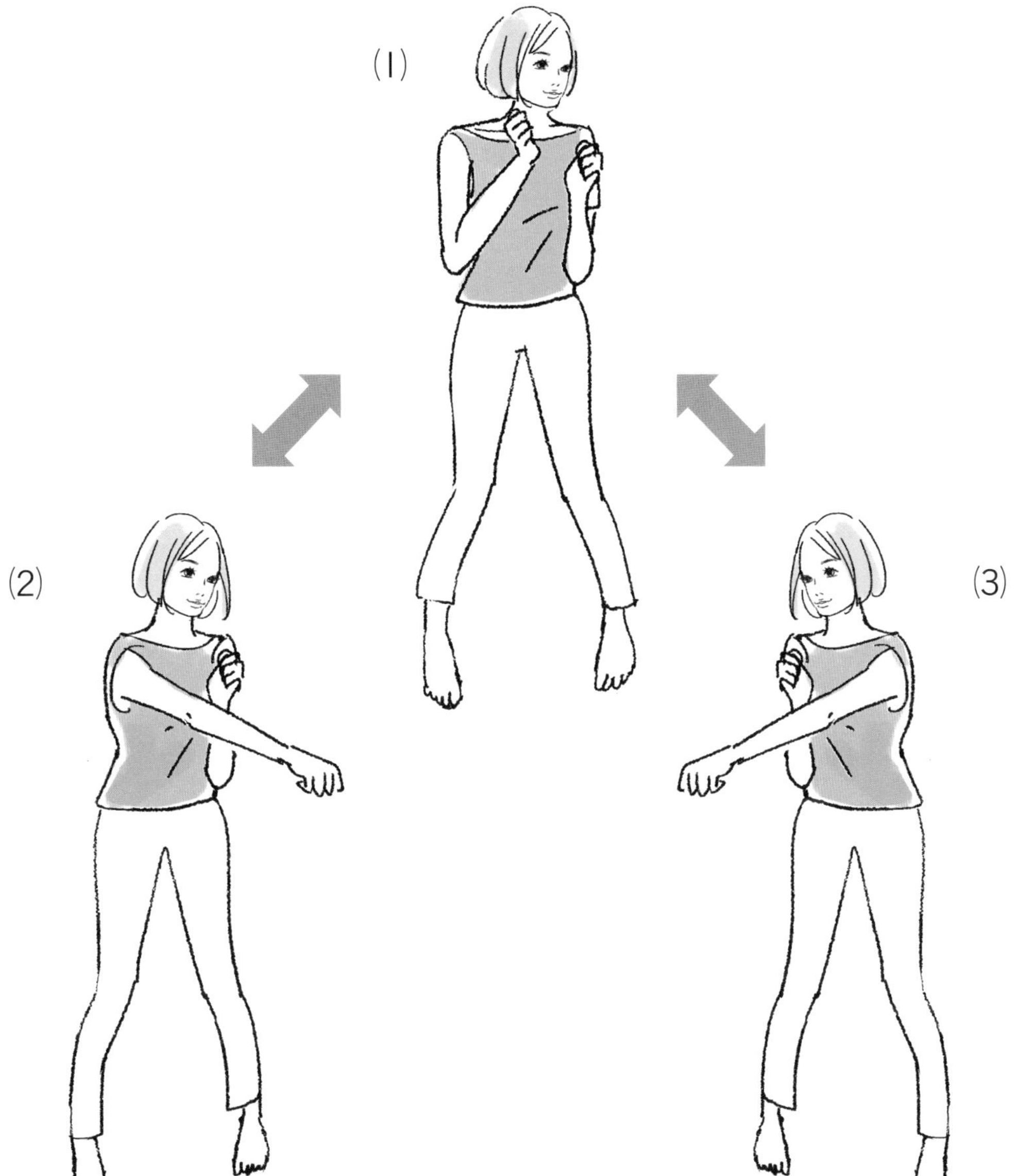

　ボクサーのように両腕でパンチを繰り出します。素早く動かすことで肩まわりの血行が促進されます。

⑴　やや腰を落として立ちます。

⑵　左前方へ向かって右パンチ。⑴に戻ります。

⑶　右前方へ向かって左パンチ。⑴に戻り、これを繰り返します。

補足解説

腕の筋肉が使えているかチェック！

リバースプッシュで鍛えるのは、腕の裏側の上腕三頭筋です。ふだんあまり使わない筋肉なので、かなりきつく感じるかもしれません。しかし、そのときひじが開いてしまうと、腕の代わりに首の筋肉が使われてしまい、かえって肩こりが助長されるので注意が必要です。両ひじをなるべく閉じることを心がけましょう。

スウィングスクワットは、アメリカンスウィングのときと同じく、「バンザイ」をするときに思いきり伸びることが大切です。逆に、腕を振り下ろして、背後までグルンと回すときは、無理せず腕が動く範囲に留めます。二の腕の「振り袖」の部分が働いている、と感じられれば、それでOKです。

プッシュアップは、腕力が弱い方は1回もできないかもしれません。その場合は、ひざをつきましょう。体重が分散されて負荷が減ります。「これじゃ生ぬるい」と感じるようになったらひざを伸ばしましょう。

クロスパンチは、やや腰を落として行いますが、きついと感じる場合はふつうに立って行っても構いません。

上級者向け全身やせメニュー

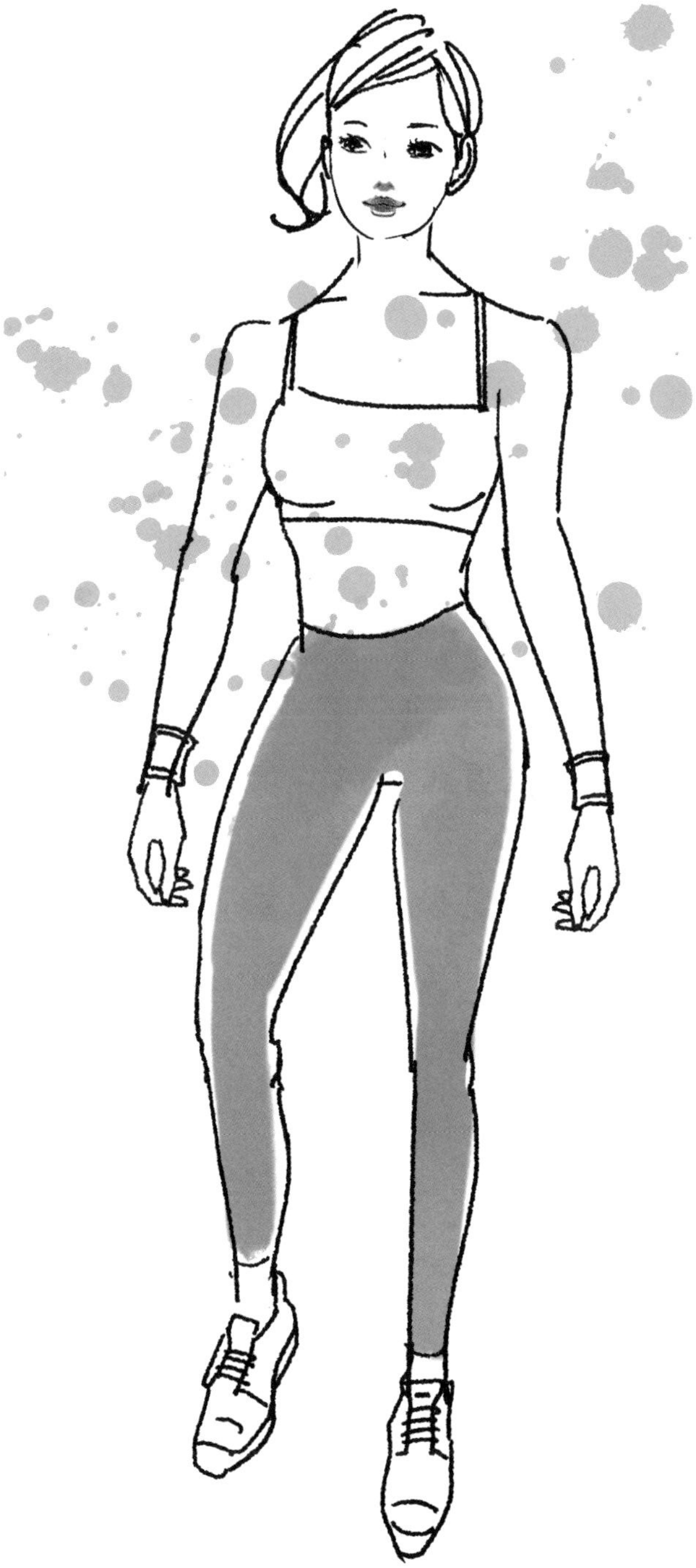

少し難しい動きの「全身やせ」に挑戦！

ゆるHIITを続けていると、「動ける身体」が備わってきます。無酸素運動の強い負荷に耐えられる筋力と、有酸素運動の激しい動きにも耐えられる持久力。その両方がついてくるのです。

無酸素運動によって速筋が鍛えられると、転倒リスクが激減します。有酸素運動で、持久力が向上します。細胞内のミトコンドリアが活性化し、疲れにくくなった実感もあるでしょう。

難しい動きをこなせる能力も上がっているはずです。初心者のころは「お手本どおりにできない！」と思っていたのに、いつしか脚が上がるようになり、大きく開くこともでき、ピョンピョン跳ぶのも楽々……と進歩していきます。

ここまでのメニューで、「無理してはダメ」「動かせる範囲で」と伝えてきたのは、運動に慣れない方や、筋力の弱っている方が無理をすると、かえって身体を痛めることになりかねないからです。無理をせず、できることだけを繰り返していれば、自然と「できること」も増えていきます。

そうなったら、少々「安全柵」を外しても大丈夫。「上級者向け全身やせメニュー」で、大きな動きや、高い負荷にも挑戦してみましょう。

このメニューには、心拍数が効率的に上がる「ジャンプメニュー」が多く入っています。余裕がある方は、「高く」「速く」跳んでください。さらなる脂肪燃焼が促されるでしょう。

①ジャンプワイドスクワット

②フライジャック

③ジャンプランジ

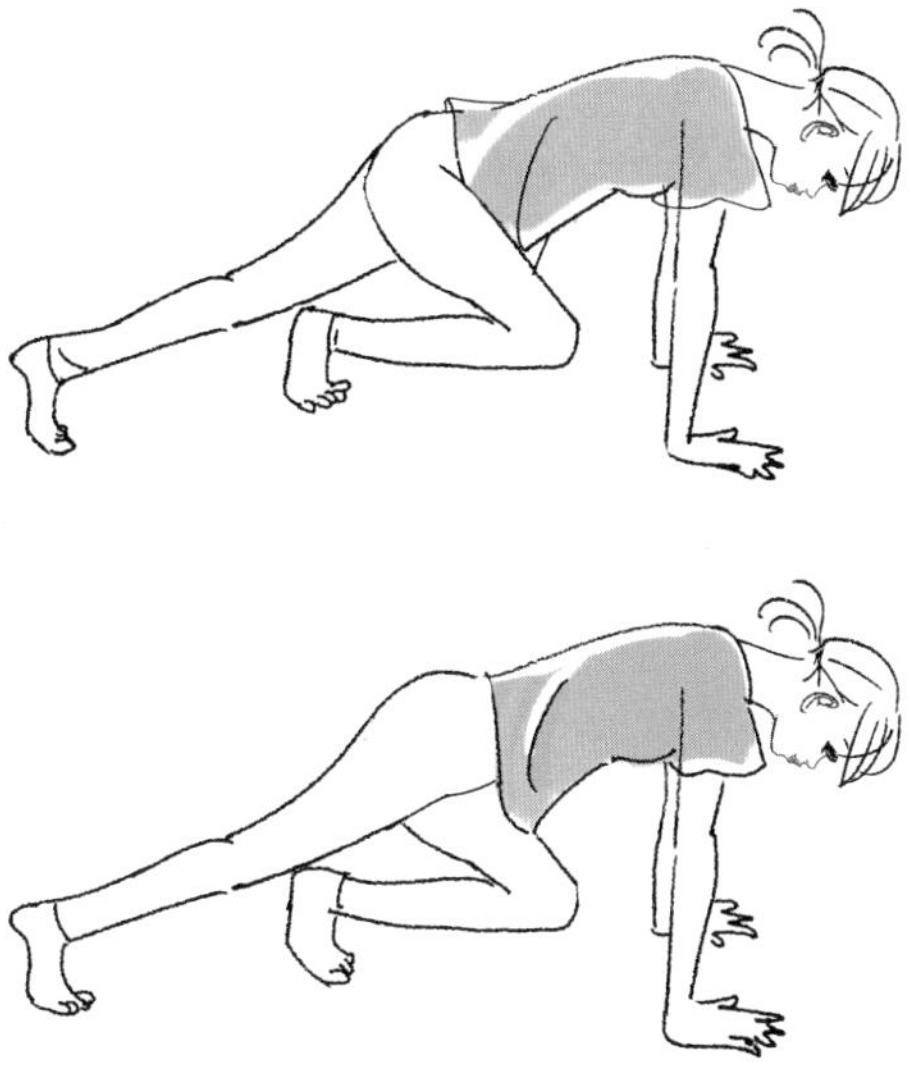

④マウンテンクライマー

①ジャンプワイドスクワット

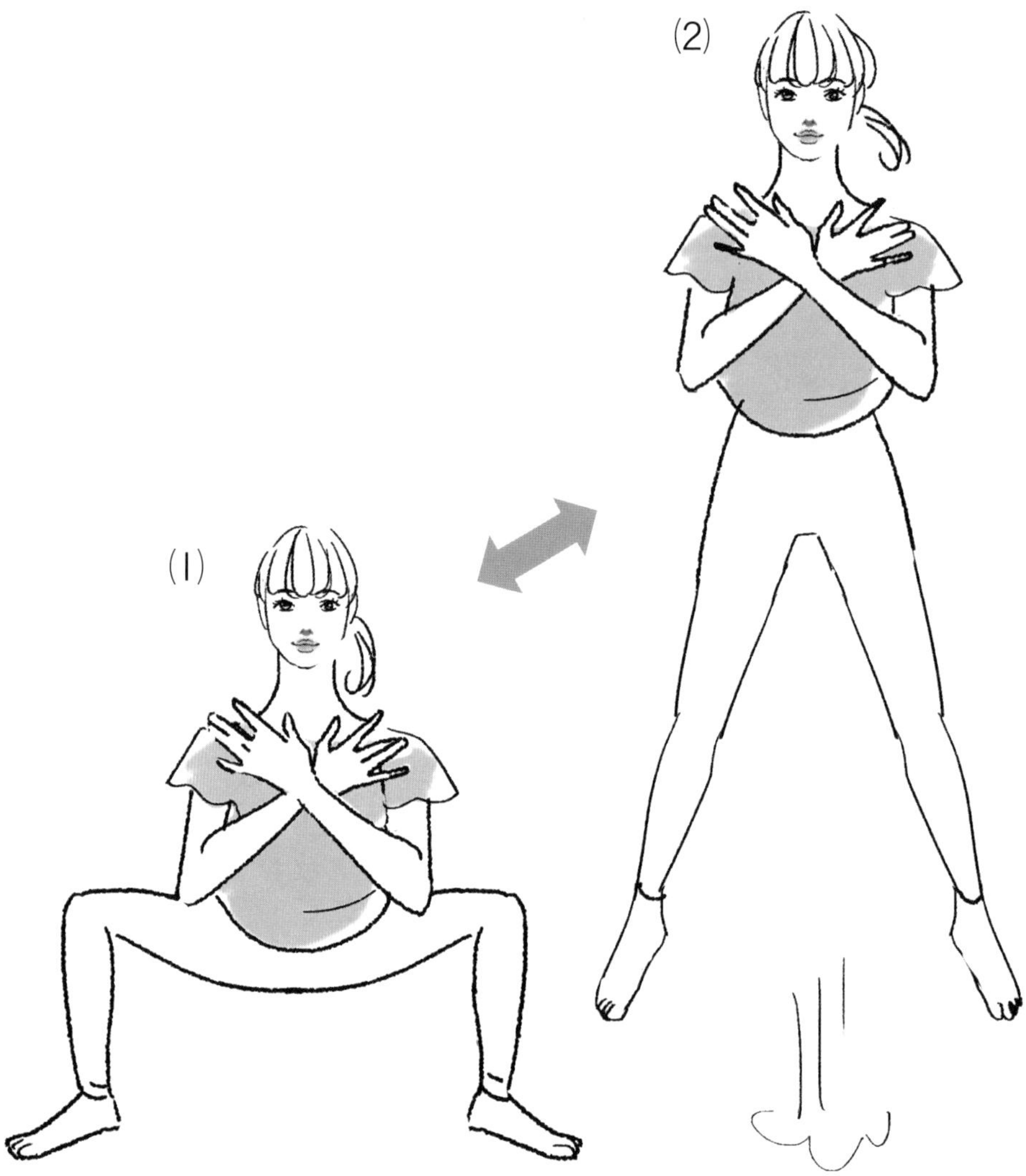

股関節を柔軟にする「ワイド」と、下半身をより強める「ジャンプ」の両要素を兼ね備えたスクワットです。

(1) 脚を肩幅に開き、両腕を胸の前でクロスさせてしゃがみます。

(2) 立ち上がりながら軽くジャンプして、(1)に戻ります。

(3) (1)〜(2)を繰り返します。

②フライジャック

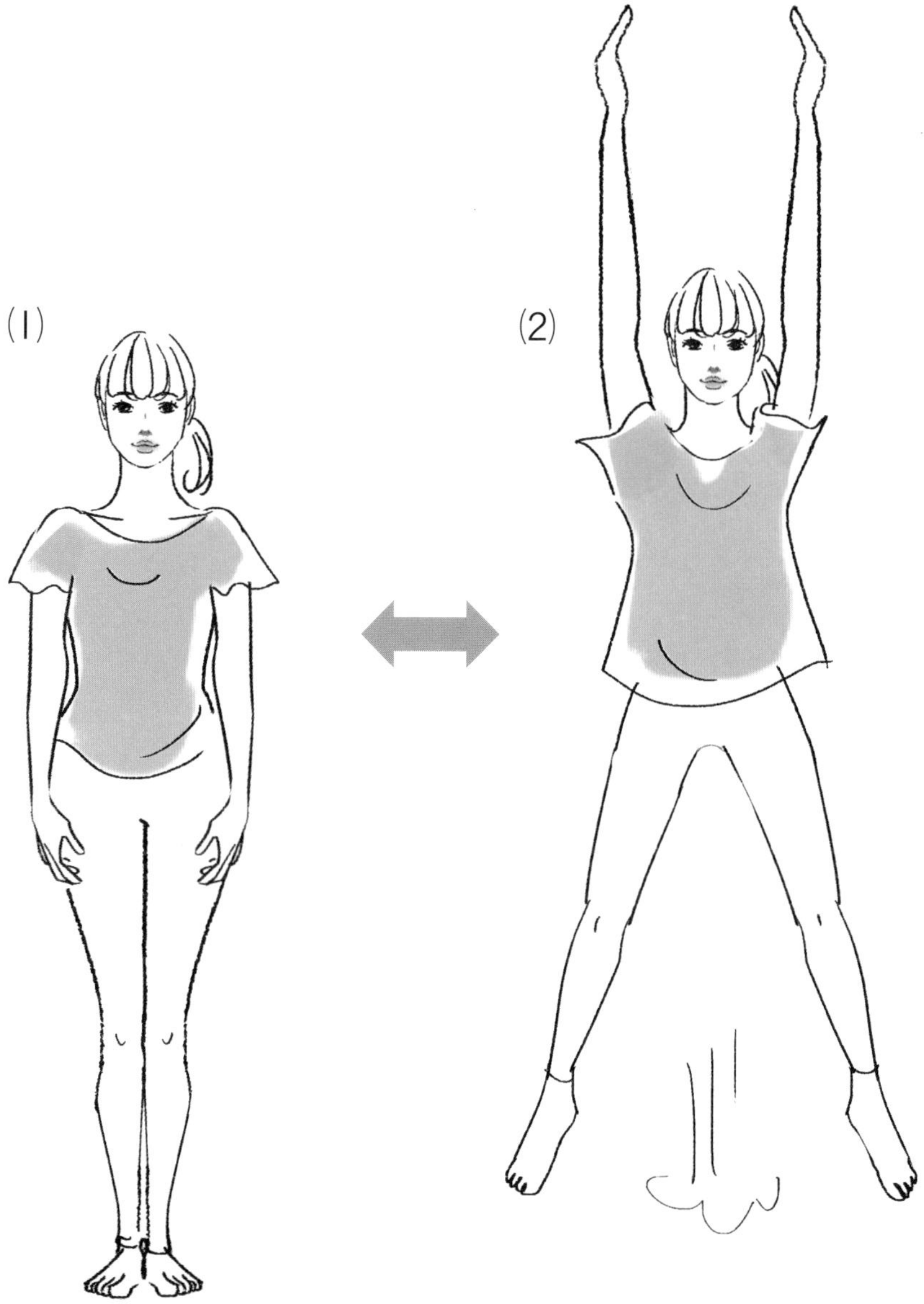

両脚を開くと同時に、両腕を前から上げる有酸素運動。素早く動くと、短時間で心拍数が高まります。

(1)　背筋を伸ばしてまっすぐに立ちます。

(2)　ジャンプしながら脚を開き、腕を前から振り上げて着地します。

(3)　ジャンプしながら(1)に戻り、(1)〜(2)を素早く繰り返します。

③ジャンプランジ

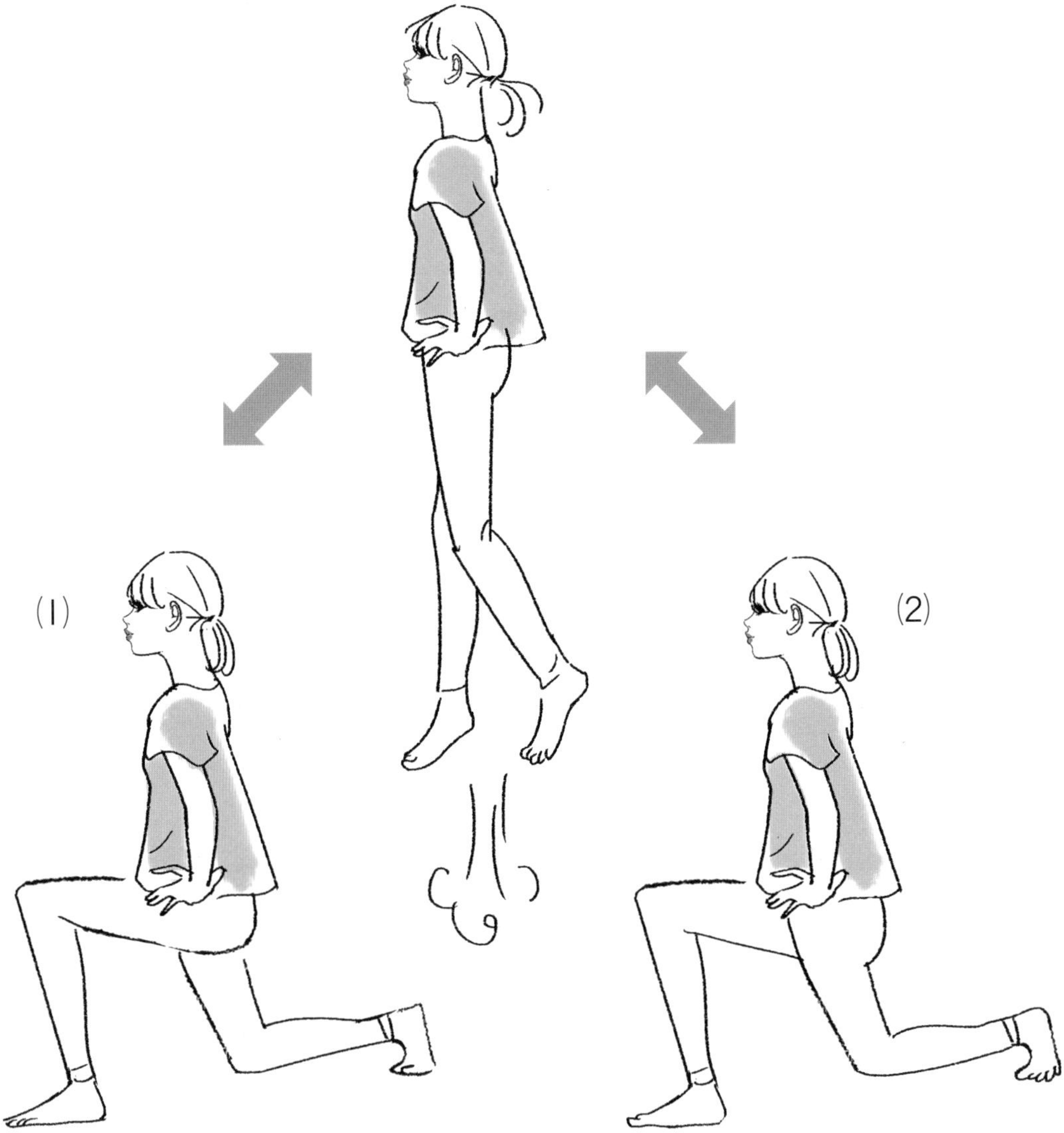

前後に脚を広げた状態からジャンプし、パッと脚を入れ替えます。下半身の筋力と腹筋、そして瞬発力が鍛えられます。

⑴　上体をまっすぐにして、片ひざをつきます。

⑵　真上にジャンプしながら脚を入れ替えます。

⑶　⑴〜⑵を繰り返します。上体がふらつかないように。

④マウンテンクライマー

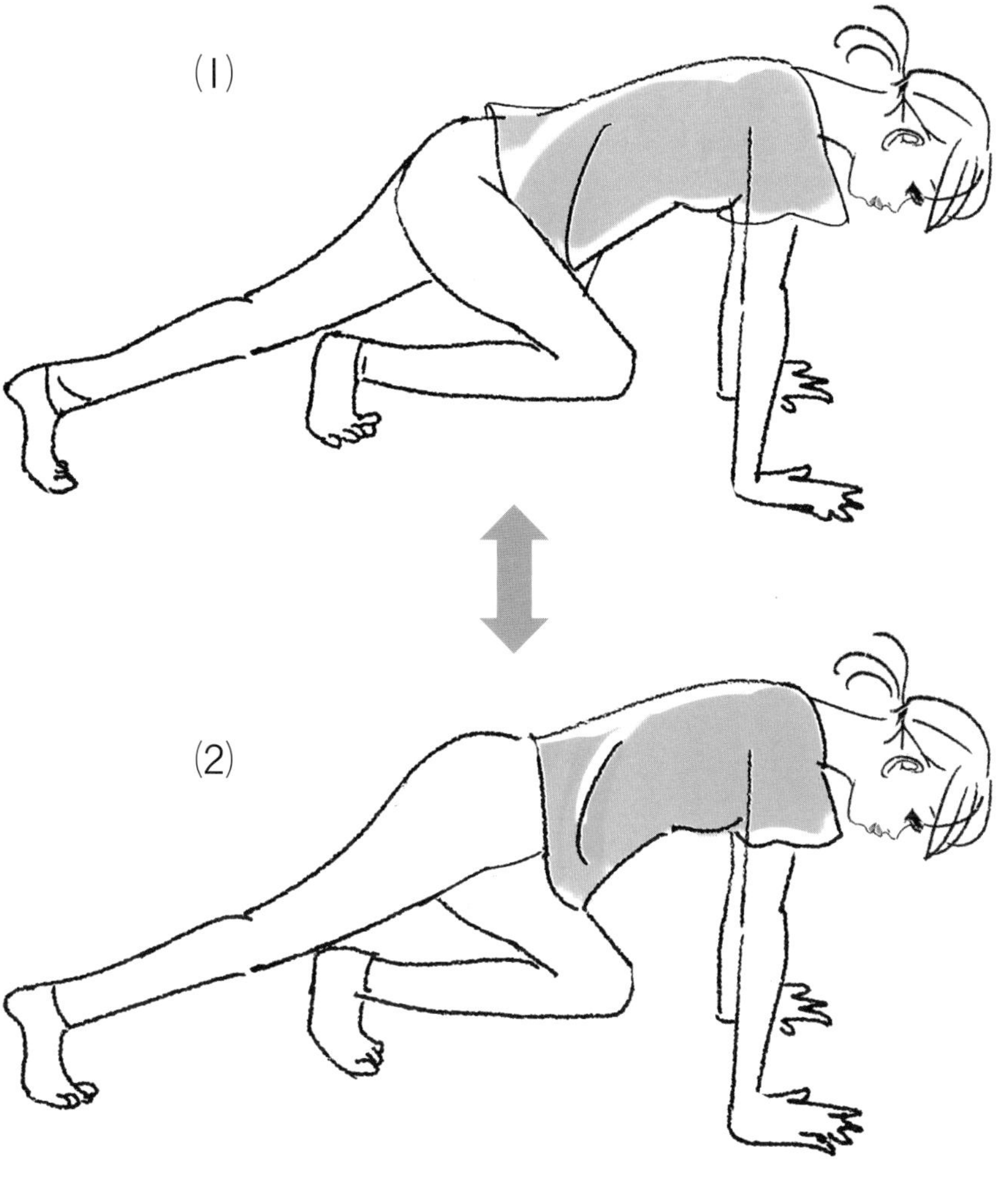

まるで岩壁を駆け登るかのように、脚を交互に動かします。脚を引き上げる筋肉と、体幹が同時に強化されます。

(1)　腕立て伏せの姿勢から、片脚を胸の前に。

(2)　素早く脚を入れ替えます。

(3)　(1)〜(2)を繰り返します。

補 足 解 説

上級者向けなので無理をせずに

瞬発力や敏捷《びんしょう》性が必要となる、少しだけ難しい動作を集めたこのメニュー。慣れてきたとはいっても、無理してケガをしないよう、くれぐれも注意しましょう。

ジャンプワイドスクワットは、「よろけてしまうかも」と少しでも不安を感じるなら、ジャンプしないでかかとを上げるだけに留めましょう。

フライジャックは脚を広げるとき、床で滑らないように注意。また、上げた腕はまっすぐ伸ばしきるのが理想ですが、痛みがあるときは動く範囲内にしましょう。

ジャンプランジも、理想を言えば「高く跳んで深く沈む」なのですが、かなりきつい動きなので、難しいと思ったら脚の入れ替えのみにしましょう。脚を入れ替えて腰を落とすとき、ドスンと降りるとひざに衝撃があるので、脚の筋力を使って「ソフトに」降りることを意識しましょう。

マウンテンクライマーは、だんだんきつくなって、ついついお尻が上がってしまいがちです。お尻の位置をキープすることを心がけましょう。

座ったままメニュー

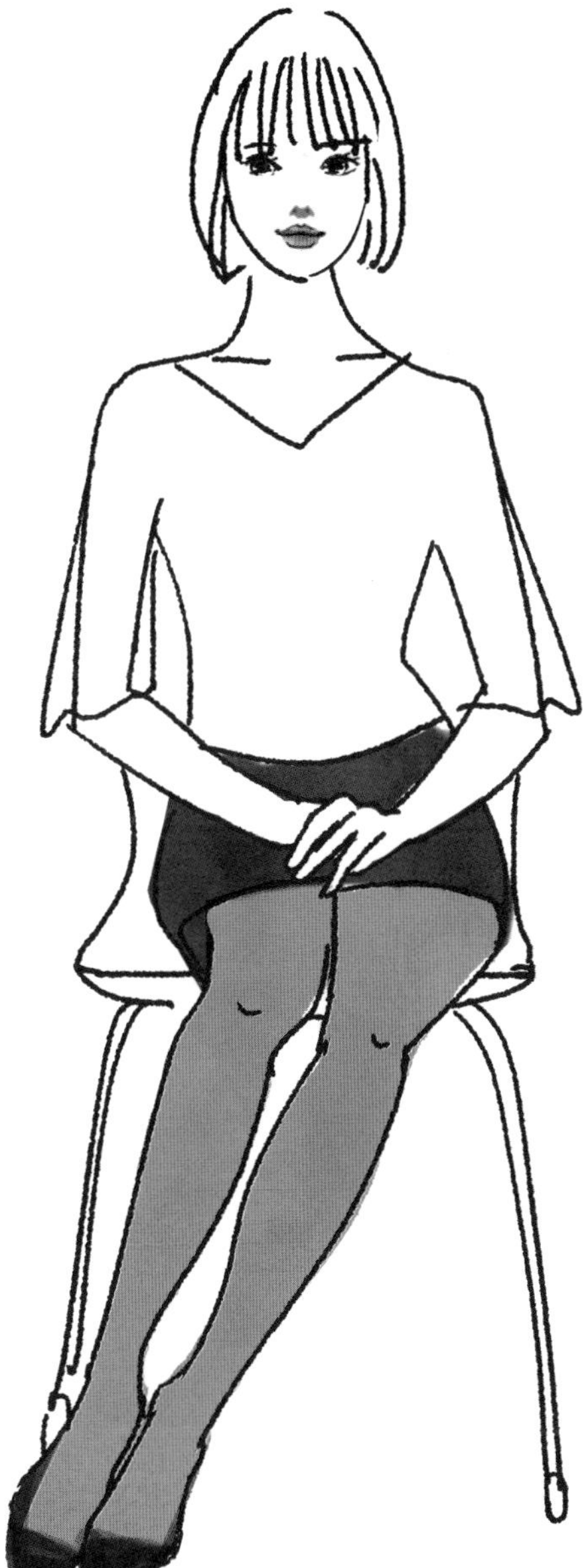

イスに座ったままでも全身を鍛えられる！

ひざや股関節などに痛みを抱える人は、「そもそも運動なんてできない」と考えてしまいがちです。

でも、大丈夫。座ったままでも、全身の筋肉を鍛えることは十分に可能です。

腕を大きく動かせば、背中も大きく動きます。下半身も、座ったまま開閉したり、ももを上げたりする運動なら、ひざにダメージを加えることなく強化できます。

「座ったままダッシュ」などの有酸素運動も、簡単にできそうに見えて、やってみるとなかなかハード。全力疾走に近い動きで駆け足をすれば、ミトコンドリアが一気に元気になりそうです。

余裕がある人は、つねに「背筋を伸ばして」行うことを意識しましょう。どの運動も腹筋には効きますが、上半身をまっすぐ立てていると、より体幹が鍛えられます。さらに余裕があれば、背もたれのないイスを使うのがおすすめ。後ろの支えがなければ、上半身をまっすぐ立てていなくてはならないからです。

オフィスで仕事をしている方、自室でリモートワーク中の方も、休憩中にぜひトライしてみてください。座っている時間が長く、運動時間が少ないデスクワーカーは、毎日少しずつ身体にダメージをためています。4分間しっかり動いて、慢性的な運動不足、肩こり、猫背を撃退しましょう！

①ひじひざタッチ

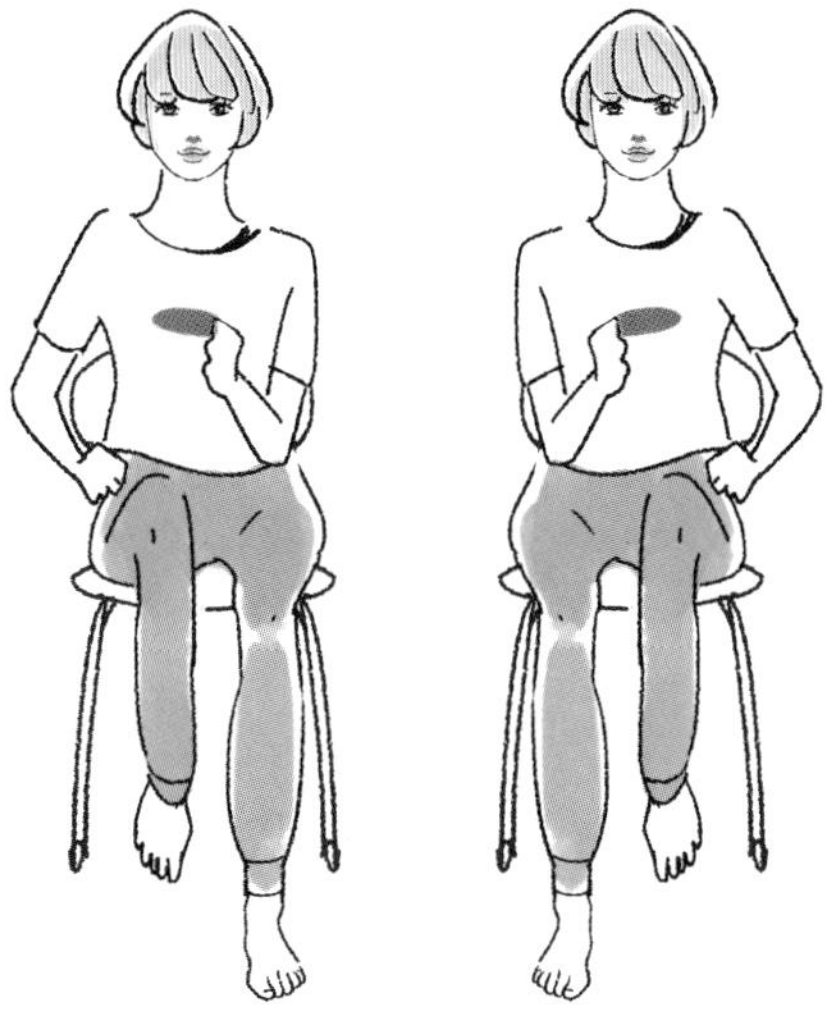

②座ったままダッシュ

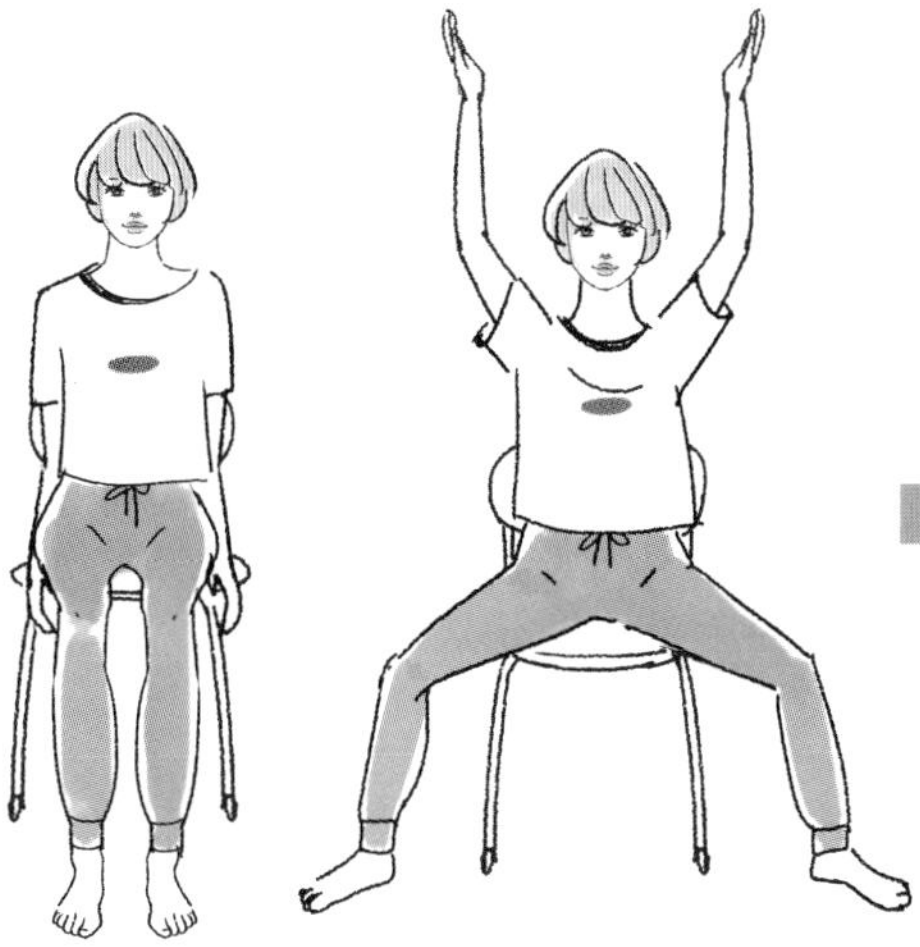

③いすジャック

④バタ脚

①ひじひざタッチ

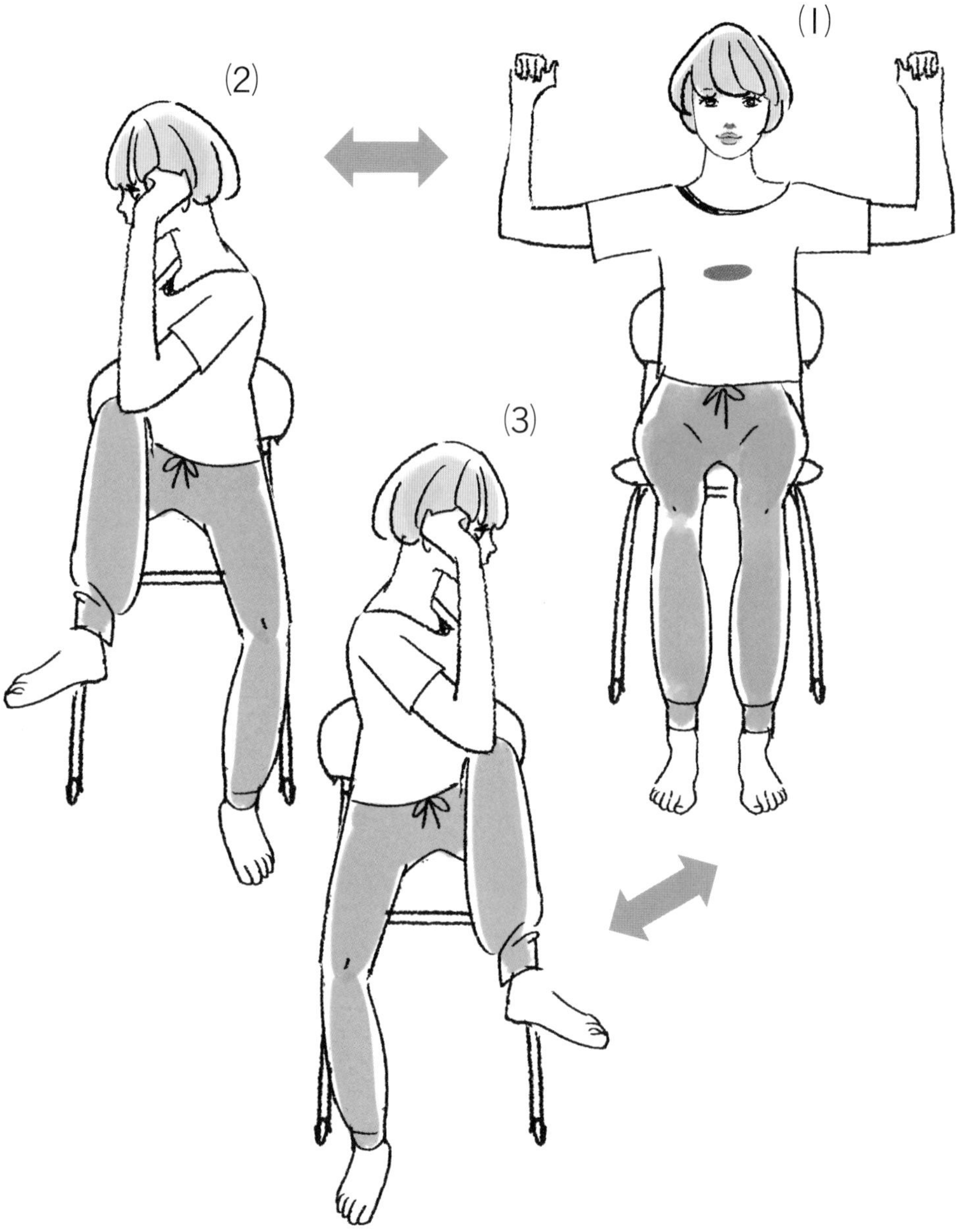

身体をひねって、ひじとひざをタッチ。そのあと元のポジションにきちんと戻ることで、ウエストひきしめの効果が倍増します。

⑴　浅く腰かけて、少し脚を開きます。両腕を上げ、ひじは90度に。

⑵　左ひじで右ひざにタッチして、⑴に戻ります。

⑶　右ひじで左ひざにタッチして⑴に。これを繰り返します。

②座ったままダッシュ

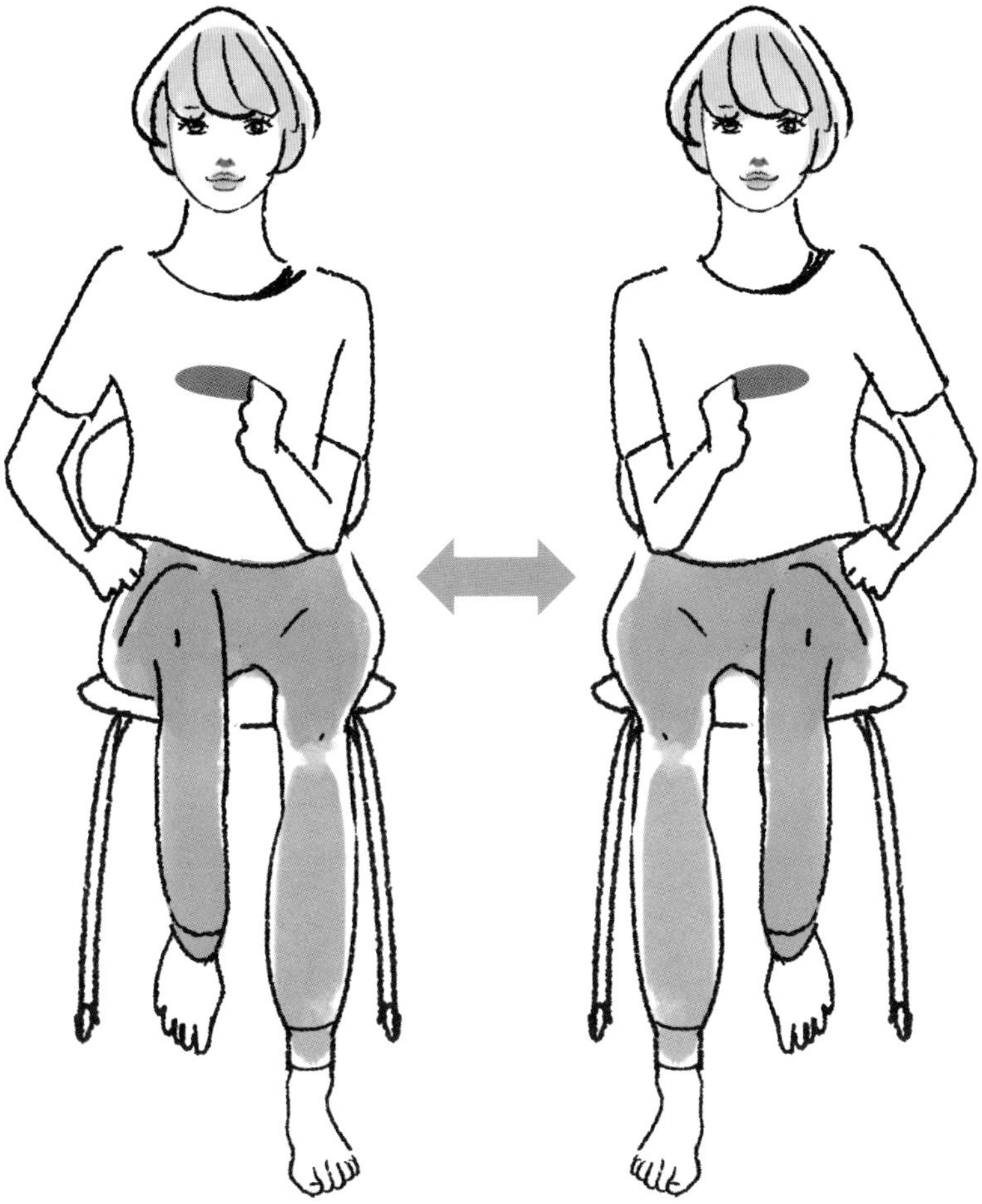

イスに座ったまま駆け足をする、シンプルな動きです。腕の振りや、ももの上げ幅を大きくすると、それだけ強度が上がります。

⑴　イスに座って「よーい、ドン！」のポーズ。

⑵　その場で、全力疾走のイメージで駆け足をします。腕を後ろに大きく振り、ももは高く上げます。着地は足指のつけ根の部分で。

③いすジャック

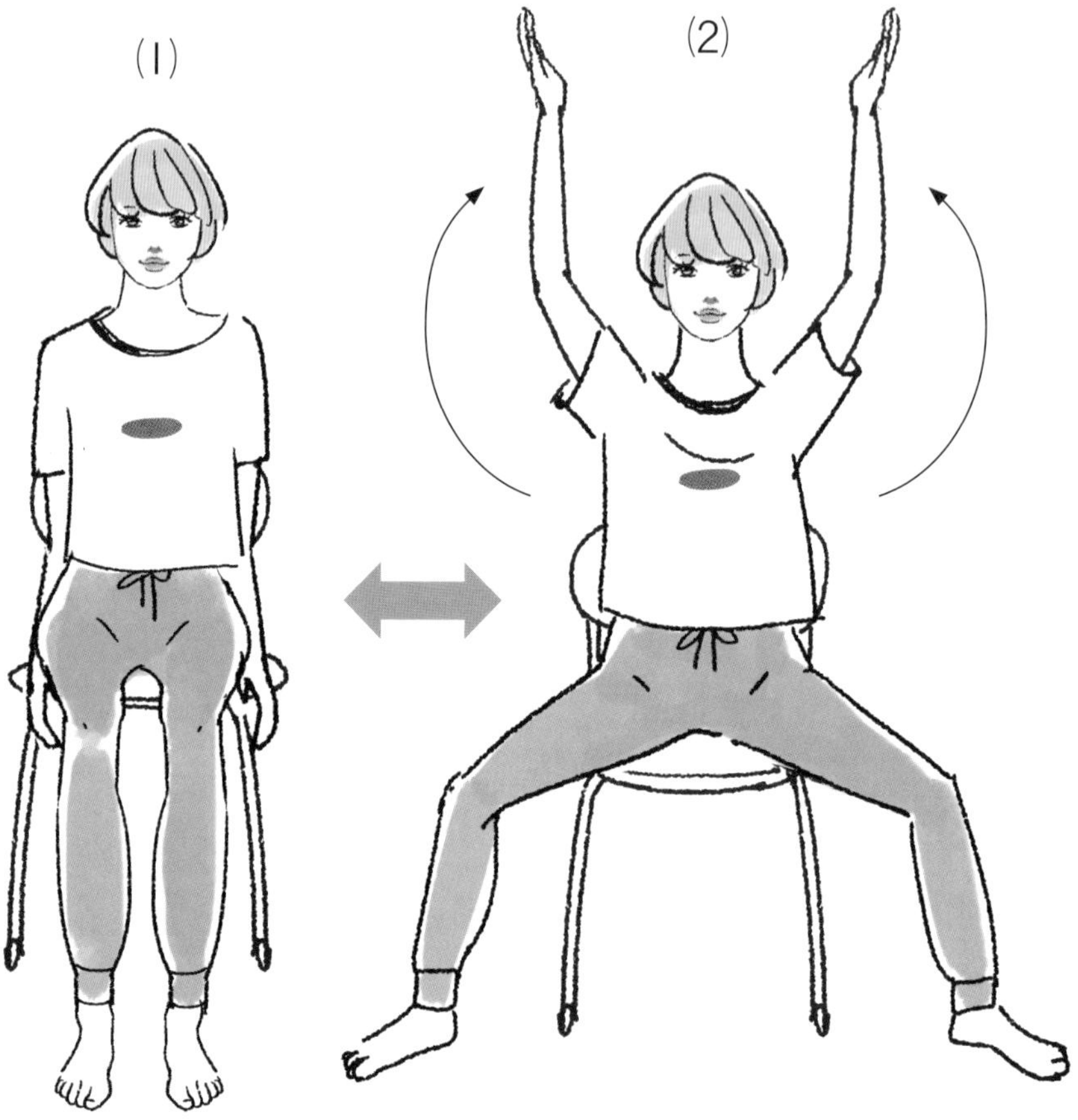

手と脚を開閉する全身運動。股関節の柔軟運動にもなります。素早く動かして心拍数を上げましょう。

(1)　イスに座り、背筋を伸ばします。

(2)　脚を左右に開き、同時に腕も横に開いて振り上げます。

(3)　(1)の体勢に戻り、これをリズミカルに繰り返します。

④バタ脚

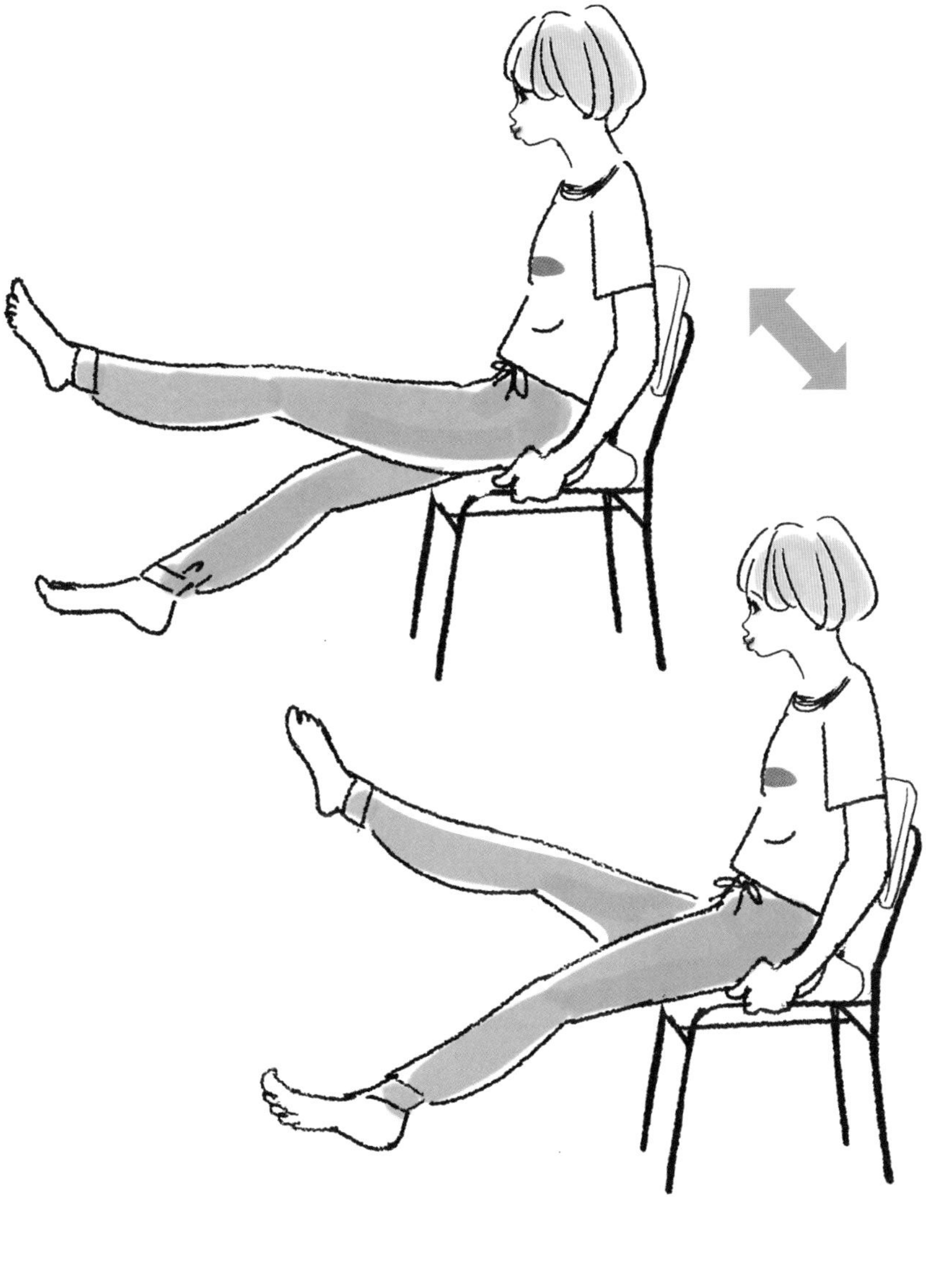

座面の両脇を持って脚をバタバタ。腹筋を強化する効果が高い運動です。浅く座ると強度がアップします。

⑴　座ってイスの両脇を持ち、脚をつま先までまっすぐ伸ばします。

⑵　水泳のバタ脚の要領で、股関節が動いていることを確認しながら、脚を交互に上下させます。

補足解説

より効果的に運動するために

「座ったままメニュー」で使うイスは、できれば座ったときに安定感があるかたさで、足の裏の全面が自然に床につくぐらいの高さのものにしましょう。

ひじひざタッチは、クロスタッチ（26ページ参照）と同じく、ひねる動きで腹斜筋を強化できます。タッチできないときは無理せず、動かせる範囲で。背中を丸めずに行うのが理想ですが、身体をひねるのが苦しい場合は、多少丸めても大丈夫です。

座ったままダッシュは、腕を後ろに大きく振ると脚を素早く動かすことができます。逆に前に大きく振ると、身体が前方に流れてバランスを崩しやすくなるので注意。

いすジャックは姿勢が大事です。前屈みになったり、反らしたりせず、背筋はまっすぐ。伸びるときも、真上にぐっと伸ばしましょう。

バタ脚でイスの両脇を持つのは、上半身のバランスをとるためです。腹筋が強くなってきて、「体幹がしっかりしてきた」と感じたら、イスを持たずにやってみると、より強度が高まります。

1種類で全身に効く万能メニュー

「4種類も覚えていられない!」という人へ

ゆるＨＩＩＴは4つの運動を2周するのが基本ですが、「4種類も覚えられない!」「覚えるのが面倒!」という方もいらっしゃいます。

そういう場合は、本書をいつも開きながら、あるいはスマホやパソコンで動画を見ながら行う方法もあります。ＹｏｕＴｕｂｅで「みらクリ流ゆるＨＩＩＴ」という動画を随時配信していますので、みなさんもぜひご利用ください。

「それすらも面倒!」「運動したい場所にネット環境がない!」という方も、安心してください。1種類の運動を8回繰り返すだけでいいメニューをご用意しました。

ゆるＨＩＩＴは、筋力を強化する無酸素運動と、全身を激しく動かして息が上がる有酸素運動の、両要素を組み合わせているのが特徴です。たった1つの動きで両方を満たすような動きは、実はかなり絞られます。それは、ここでご紹介する「バーピー」しかないでしょう。

「しゃがむ」→「脚を伸ばす」→「戻す」→「立ってジャンプ」という動きで全身を大きく使うことで、上半身と下半身の筋力を鍛えながら有酸素運動もできます。

これを8回繰り返すのは、実際のところ相当にハードです。もしも体力の限界が来たら、途中からダッシュ(27ページ参照)などに切り替えるとよいでしょう。

①バーピー

②バーピー

③バーピー

④バーピー

バーピー

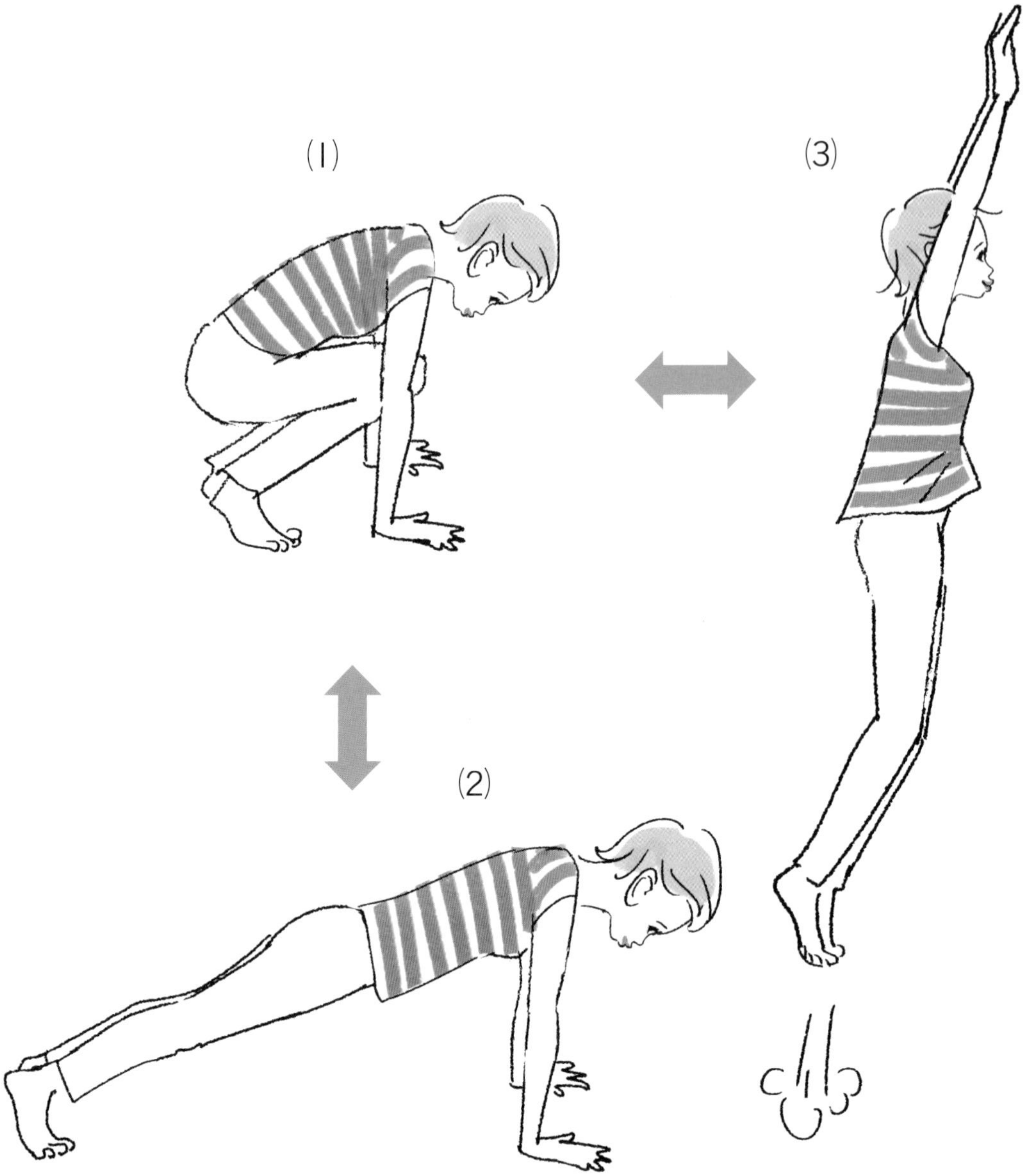

短時間で脂肪燃焼が促進される最強の有酸素運動です。全身のシェイプアップに効きますので、覚えておくといいでしょう。

(1)　その場にしゃがみ、両手を床につけます。

(2)　脚を後ろに伸ばし、また(1)の体勢に戻ります。

(3)　腕を上げながらジャンプして(1)に戻り、これを繰り返します。

もの足りない人向けメニュー

本来のHIITレベルに挑戦したい方へ

「ゆる」のつかない、通常のHIITをすると、いわゆる「ランナーズハイ」の状態に入ることがあります。ランナーズハイとは、長距離を走ってきたランナーが、本当は苦しいはずなのに、なぜか気持ちよいと感じる状態のこと。このとき脳内では内因性オピオイド（エンケファリンやベータエンドルフィンなどに代表される脳内麻薬物質）が分泌されています。

HIITでも同様の状態になるため、楽しくてハマってしまう人がたくさんいるのですが、ゆるHIITの場合、きつさは6～7割なので、まだその感覚は味わえません。

しかし、ほとんどの方が、動きを「より速く」「より大きく」と、だんだん負荷を増やしたくなっていきます。ゆるHIITを始めた人は、自然にそのプロセスをたどって、やがてランナーズハイにまで到達するのが定番です。もし、ここまでにご紹介したトレーニングを全速力でやって、なおもの足りなければ、いよいよ本来のHIITレベルのきつい運動にトライしてみましょう。

このメニューでは、心拍数を高めるために、下半身の筋肉にターゲットを絞っています。瞬発力も持続力も必要な手ごわいメニューばかりです。

これをこなせるようになるころには、「あら？なんだか気持ちがいい！」と、ランナーズハイの瞬間を経験できるようになるでしょう。

①ロックスクワット

②クロスジャック

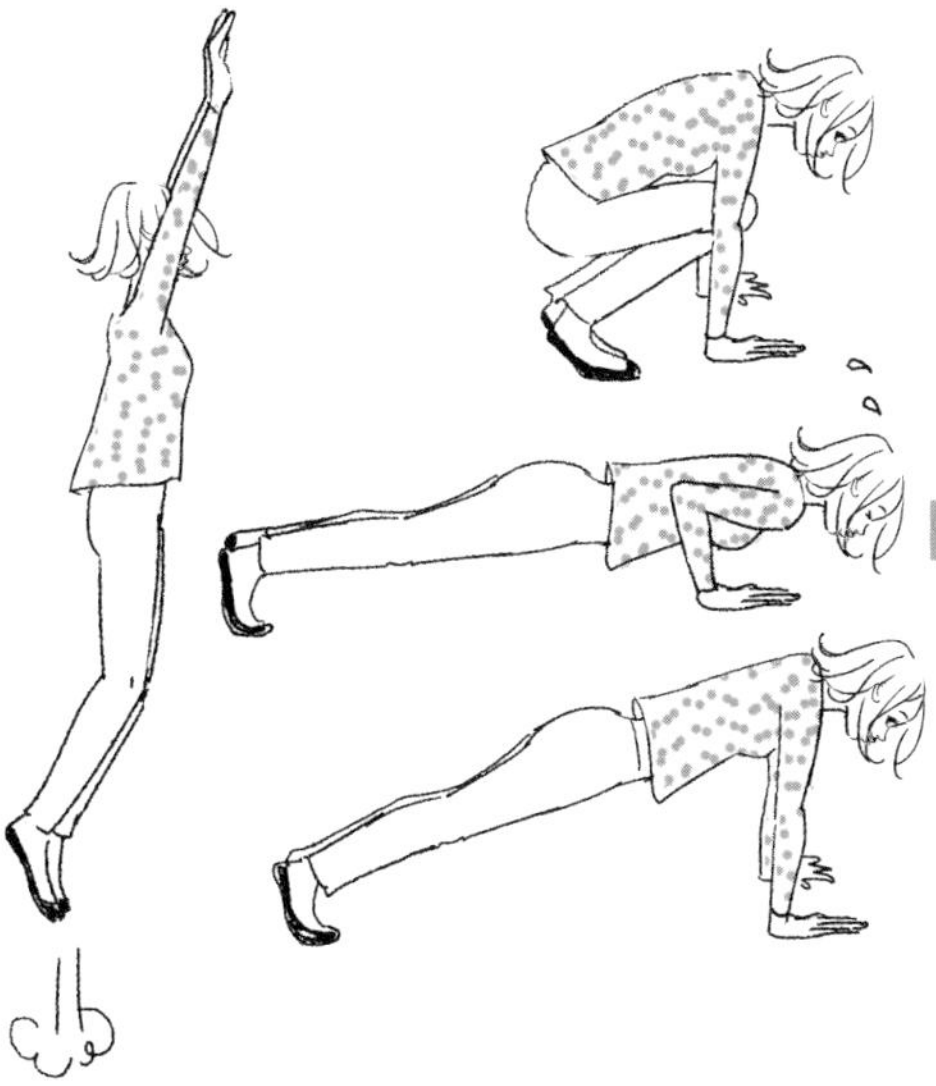

③バーピー（腕立て伏せ付）

④タックジャンプ

①ロックスクワット

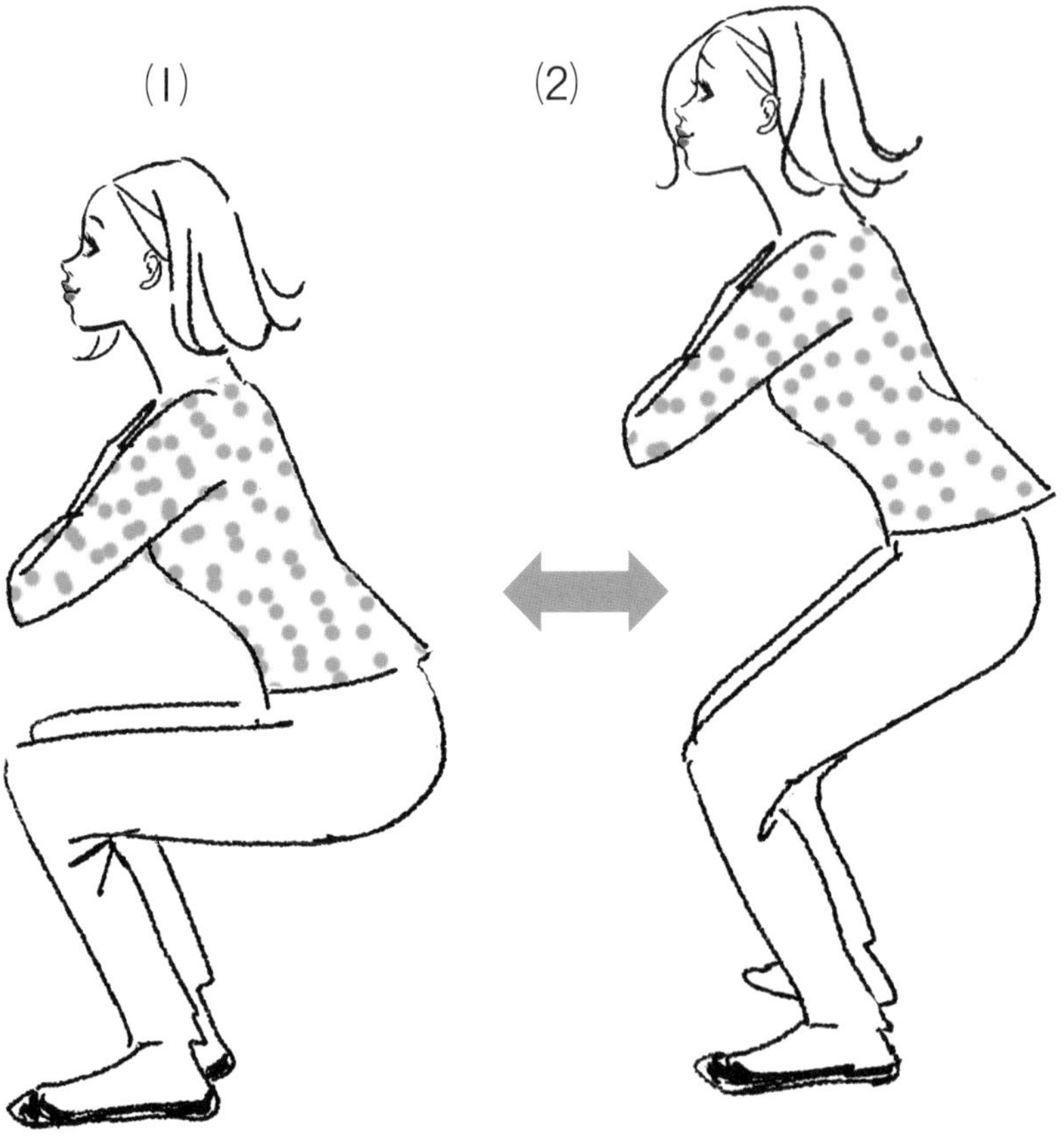

スクワットの動きの中で唯一、休める瞬間である「立つとき」を削除。完全に立ち上がらずに中腰の姿勢で止めることで、休むヒマなし！

(1)　両腕を胸の前でクロス。太ももが水平になるまで腰を落とします。

(2)　中腰になるまで立ち上がり、(1)の姿勢に戻ります。

(3)　(1)〜(2)を繰り返します。

②クロスジャック

ジャンプしながら両腕両脚を素早く交差させる有酸素運動。跳ぶ高さと、動きの速さを意識しましょう。

(1)　腕と脚を横に大きく開いてから、ジャンプ。

(2)　腕と脚をそれぞれクロスし、またジャンプ。(1)の姿勢に。

(3)　ジャンプして手脚を逆にクロス。ジャンプして(1)に戻ります。

③バーピー（腕立て伏せ付）

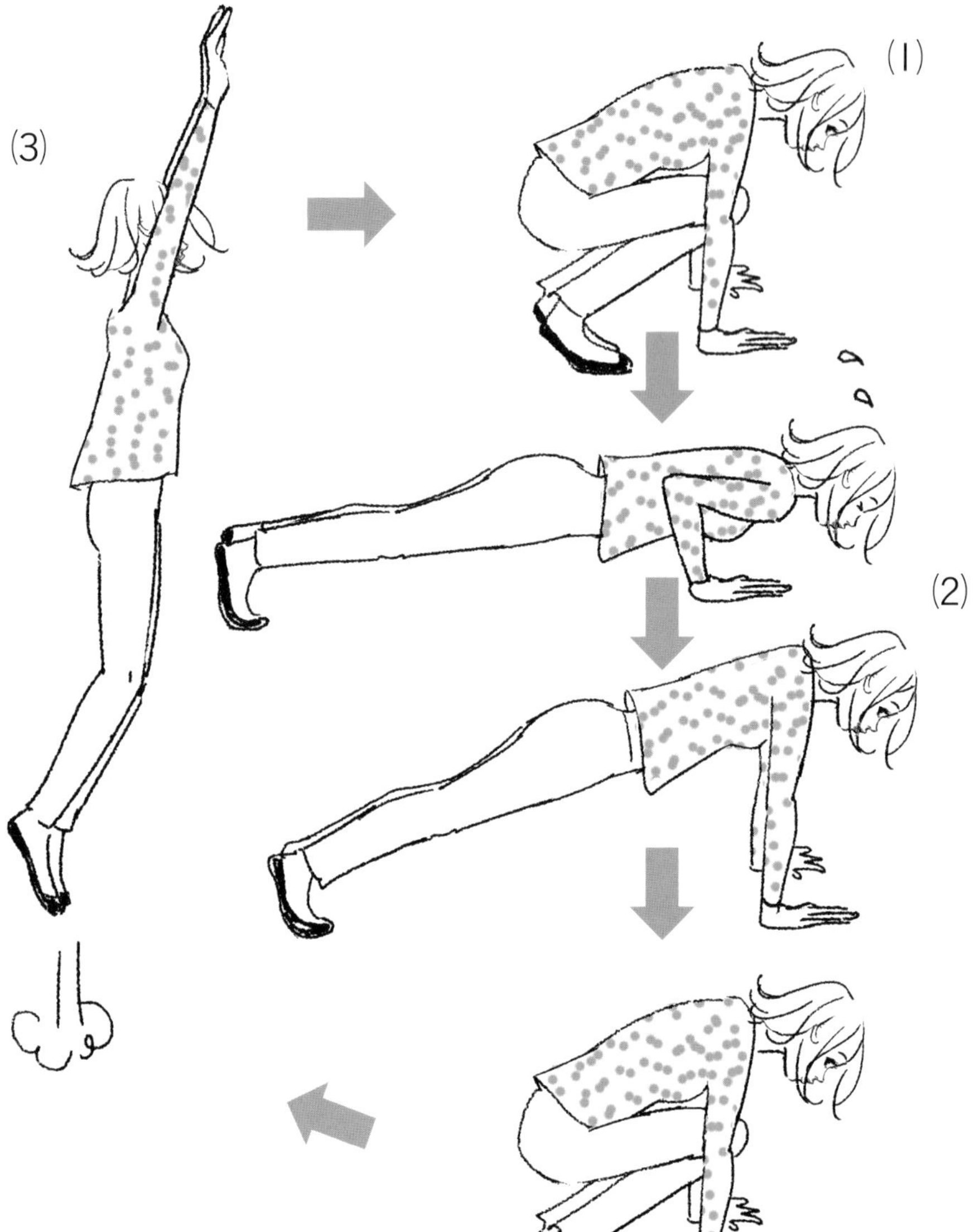

「1種類で全身に効く万能メニュー」（77ページ参照）で紹介したバーピーに「腕立て伏せ」の要素が加わって、さらにハードに。

(1)　その場にしゃがみ、両手を床につけます。

(2)　脚を伸ばして、腕立て伏せを1回。また(1)の体勢に戻ります。

(3)　腕を上げながらジャンプして(1)に戻り、これを繰り返します。

④タックジャンプ

ジャンプしながら胸とひざを近づけます。筋力と敏捷さが両方必要な、ワンランク上のジャンプです。

⑴　ジャンプしやすいように、ややひざを曲げて立ちます。

⑵　高くジャンプ。ひざを曲げて胸に近づけます。

⑶　⑴〜⑵を繰り返します。

補 足 解 説

超ハードメニューの注意点

この本の中で最もハードなメニューです。これまで紹介してきた動きに応用を加えています。

たとえばロックスクワット。ひざが伸ばしきった状態にならないよう「ロックしておく」イメージです。休みなく負荷がかかり続けるので、かなりきついはずです。その反面、ロックスクワットはひざ関節痛や脊柱管狭窄症など、ひざや腰にトラブルのある人に向いたメニューでもあります。関節トラブルがある場合は、関節を大きく動かさないほうが安全なのですが、立ち上がるときに「中腰で止める」ので関節への負荷は小さいのです。

クロスジャックは、クロスしたときに腕の上下を毎回入れ替えるのを忘れずに。「右腕が上＆右脚が前」の次は「左腕が上＆左脚が前」です。ゆるHIITは原則的に「お手本どおりでなくてOK」ですが、このメニューは上級者向けですから、動きの正確さも意識しましょう。

タックジャンプは、空中でひざと胸がタッチするイメージで脚を持ち上げましょう。無理なくひざと胸がつくようになったら、「ゆる」レベルは完全に卒業です。

もっと効果を高めるために

ゆるHIITの効果を高める食事タイミング

ゆるHIITは基本的に、朝昼晩のどのタイミングで行っても、効果に違いはありません。ただし、食事との兼ね合いには注意が必要です。HIITやゆるHIITには、食欲を落とす作用があるからです。

「ややきつい」程度とはいえ、ゆるHIITにも激しい動きがしょっちゅう出てきます。それでハアハアと息が上がれば、食べ物どころではなくなるのです。

そのため、ダイエットが必要な患者さんにしているアドバイスは「おなかがすいたらHIITしよう！」。あえて食事の直前にゆるHIITをすることで、食べすぎを避けられます。

肥満気味で生活習慣病の恐れがある方、体重のせいでひざ関節に負担がかかっている方などは、食事前のゆるＨＩＩＴを習慣にしてみてはいかがでしょうか。

逆に、年齢を重ねて食欲がなくなってきている方は、食事前の運動は避けましょう。食欲が落ちすぎると栄養不足になり、フレイルの危険が高まります。骨や筋肉が弱って、ロコモになる可能性も（フレイル、ロコモについて詳しくは30ページ参照）。

運動するよりもまず、きちんと食べて、筋力のモトとなる栄養を摂取することが大事です。運動と食事の間には、少なくとも30分、間をおくようにしましょう。できれば食後のほうが影響は少ないと思われます。朝食をとって、消化が終わる30分〜1時間後に運動する、といった流れがおすすめです。

ゆるHIITの効果を高める食事

ゆるHIITをしていれば、食事を減らさなくても体型は自然にスリムになります。筋肉をつけて基礎代謝を上げるには、むしろ毎食、しっかり食べることが大事です。

特に積極的に摂取したいのはタンパク質です。最も簡単にとれるのはやはり、卵でしょう。「私は脂質異常症なので、卵は避けないと……」とおっしゃる方がときどきいますが、1日1～2個ならばまったく問題ありません。逆に、2個以上食べているほうが心血管障害になる率が少ないという報告も出ているくらいです。

同様に、赤身の肉や魚も大事なタンパク源ですから、大いに食べましょう。

糖質は、過剰にとるとなると問題ですが、適度に食べる分には問題ありません。運動をしていれば、自然に消費されます。

栄養分とは別に、食事のかたさにも着目。コロナ禍以降、私たちは「顔の筋肉を動かす」ことが減っています。人と会う機会が少なくなり、会っても声高に話すことを避けるので、マスクの下で表情筋肉は徐々に衰えています。

とりわけ高齢の方々の「のどまわり」の筋肉の衰えは、飲み下す力の低下にもつながるので、大きな問題です。

そこで意識して食べたいのは、噛みごたえのある食材です。ステーキを前歯でぐっと噛みちぎったり、かたいリンゴを丸かじりしたり。ごぼうやレンコンなどの根菜類なら食物繊維もとれますし、昆布やスルメは唾液の分泌を促進します。もっとお手軽に、ガムを噛むのもよい方法です。

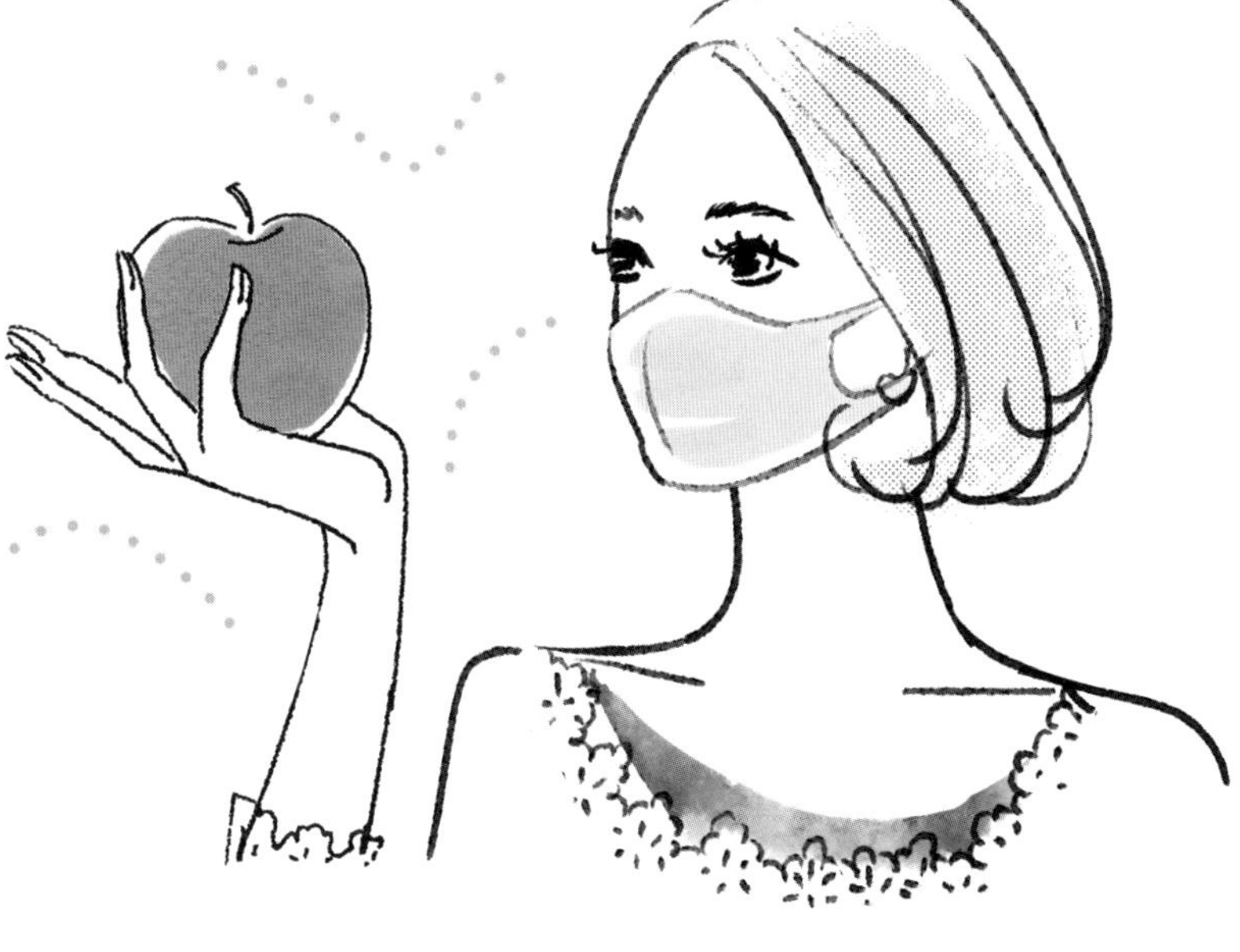

ゆるHIITの効果を高める生活習慣

ゆるHIITを始めて、いったいどれくらいで効果が出るのかは、気になるところでしょう。これは、何をもって「効果」とするかによって違います。「身体が温かくなる」「気持ちが晴れやかになる」なら初日から味わえますが、体重減少ならば数カ月かかります。

いずれにせよ大事なのは、自分の身体の小さな変化に気づくことです。人の身体は、よくなるのも悪くなるのも少しずつなので、ボンヤリしていると見過ごしてしまいます。しかし、悪い変化に気づけば病気やフレイルを防げますし、よい変化に気づけばモチベーションが上がります。日々、昨日との違いを見つける習慣をつけましょう。

わかりやすいのは、「疲れにくくなる」という変化です。患者さんを診ていると、ゆるHIITを始めて1～2週間で、この変化が出てきます。階段をスムーズに上れた、歩いていて人に抜かされなくなった、中央分離帯のある長い横断歩道を一度で渡りきれた、朝の目覚めがよくなった、お店の入り口の検温で平熱が36度台に上がっていた……などなど。そうした声が、私のもとにしょっちゅう届きます。

みなさんも、ご家族やかかりつけの先生などに報告する習慣をつけてはどうでしょうか。きっと、「もっと変化を見つけよう！」と、前向きな気持ちが湧いてくるでしょう。

おわりに

この本は、「ダイエット」を主軸にしつつも、トータルな健康増進を視野に入れています。

身体は徐々に、本人が気づかぬうちに衰えてしまうものです。それを放置して、大きな病気や認知の衰えなど、問題が膨らんだあとに気づく——。そんな高齢期を過ごしたい人など、誰もいないはずです。何か大きな問題が起こってから対処するのではなく、自覚症状が出る前に、生活習慣を変える。この意識が大切なのです。

料理に「ひと手間かける」という言い方がありますね。そんなに大変ではない、小さな作業を加えるだけで、料理はぐっと美味しくなります。身体にもぜひ、「ひと手間」かけてみませんか。たいそうなことをしなくても、4分間だけ、身体を動かせばいいのです。

家でも外でも、1人でも、ご家族と一緒でもOK。お友だちと一緒に息を切らすのも楽しいものです。一番快適な方法で、ゆるHIITを生活に取り入れましょう。

長い高齢期を元気に、笑顔で過ごせる方々が1人でも多くなることを、願ってやみません。

〈著者略歴〉

今井一彰（いまい・かずあき）

みらいクリニック院長。内科医。東洋医学会漢方専門医。NPO 法人日本病巣疾患研究会副理事長。
「病気にならない体と一生歩ける足があれば、人生は幸せ」の考えのもと、「足育」と「息育」の２つの「そくいく」を提唱し、「医師と薬に頼らないセルフケア」を目指している。現在までに１万人以上の足と足指を診察してきた。足指のゆがみを治す「足指のばし」は、誰でも簡単にできるセルフケアとして、全国500以上の保育所や小学校、医療機関、介護福祉施設のほか、熊本や北九州の災害避難所でも採用されている。
著書に、『ツラい女性の足指の痛み・変形はこうして改善する！』（PHP 研究所）など多数。

装幀　村田 隆（bluestone）
イラスト　もと潤子
組版・本文デザイン　朝日メディアインターナショナル株式会社
編集協力　石田 力
　　　　　林 加愛

４分でウォーキング１時間分！
全身がやせる「ゆるHIITダイエット」

2021年３月25日　第１版第１刷発行

著　者　今　井　一　彰
発行者　櫛　原　吉　男
発行所　株式会社ＰＨＰ研究所
京都本部　〒601-8411　京都市南区西九条北ノ内町11
　教育出版部　☎075-681-8732（編集）
　家庭教育普及部　☎075-681-8554（販売）
東京本部　〒135-8137　江東区豊洲 5-6-52
　普及部　☎03-3520-9630（販売）
PHP INTERFACE　https://www.php.co.jp/
印刷所
製本所　図書印刷株式会社

ISBN978-4-569-84909-6